Vierfleck-Libelle.

Sumpf-Blutauge.

Der Autor

Dr. Hartmut Wilke absolvierte
in Mainz und Hamburg ein
Studium der Meeresbiologie,
Hydrobiologie und Fischerei-
wissenschaft. Seit 1983 ist er
Leiter des Zoologischen Gartens »Vivarium« in Darmstadt.

Die Fotografen

Die Motive in diesem Ratgeber
haben namhafte Pflanzen- und
Tierfotografen aufgenommen.
Ihre Namen können Sie dem
Nachweis auf Seite 63 ent-
nehmen.

Die Zeichnerin

Marlene Gemke studierte
an der Fachhochschule Wies-
baden Graphik-Design. Nach
dem Abschluß machte sie sich
als Grafikerin selbständig und
erledigt seither Illustrations-
aufträge für Verlage und
Museen. Seit vielen Jahren
zeichnet sie auch für den
GU Naturbuch Verlag Tier-
und Pflanzenmotive.

Wichtig: Damit die Freude
an Ihrem Naturteich ungetrübt
bleibt, beachten Sie bitte
»Warnung und Hinweis«
auf Seite 63.

Hartmut Wilke

Naturteich
anlegen und
bepflanzen

Ideen für ein Naturparadies im
Garten mit heimischen Pflanzen
und Tieren

Mit Farbfotos bekannter
Tier- und Pflanzenfotografen
Zeichnungen: Marlene Gemke

GU GRÄFE
UND
UNZER

Inhaltsübersicht

Erlebnis Naturteich
Ein Wort zuvor

Teiche und Tümpel werden zugeschüttet, Moore und Sumpfwiesen trockengelegt, um Bebauungsflächen und Ackerland zu gewinnen. Von Leben wimmelnde Lebensräume verlöschen so mit einem Schlag.

In dieser Situation gewinnen Naturteiche in Gärten immer mehr an Bedeutung als Ersatzbiotope, in denen bedrohte Tier- und Pflanzenarten einen neuen Lebensraum finden. Schon heute ist durch die Anlage von Kleingewässern in Gärten eine »Teichlandschaft« entstanden, die die Gesamtfläche aller Teiche in der Natur übertrifft. Wer einen Naturteich in seinem Garten anlegt, leistet also einen wichtigen Beitrag zum Naturschutz. GU Naturteich-Experte Hartmut Wilke erklärt, wie ein Naturteich richtig geplant, angelegt, bepflanzt und gepflegt wird. Anschauliche Zeichnungen zeigen Schritt für Schritt wie's gemacht wird. Als erfahrener Biologe gibt Ihnen der Autor Tips, was Sie tun müssen, damit sich heimische Tiere rascher ansiedeln. Zauberhafte Farbfotos zeigen, welche Naturerlebnisse am Teich Sie im Verlauf des Jahres erwarten. Viel Freude mit Ihrem kleinen Naturparadies wünschen Ihnen der Autor und die GU Naturbuch-Redaktion.

Verträumter Naturteich im Garten.

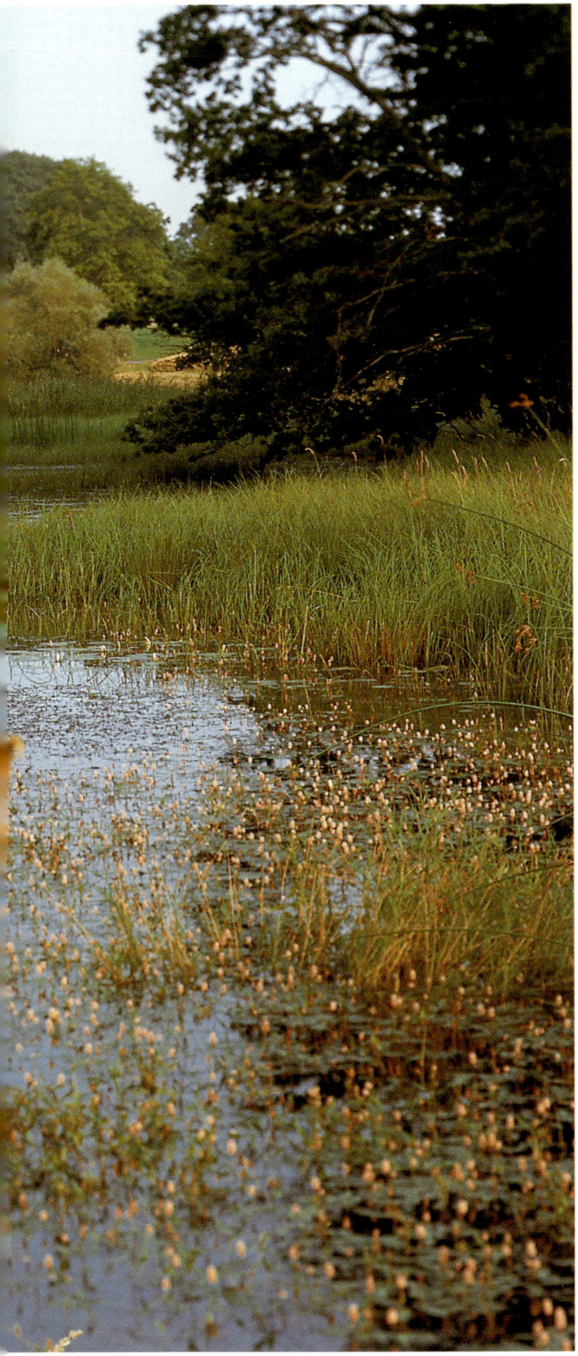

Den Teich planen und anlegen

Der Natur abgeschaut

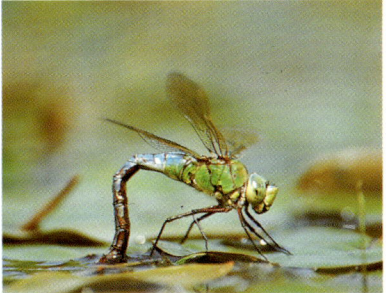

Die Anlage eines Naturteichs bringt ein Stück Natur in den eigenen Garten. Damit dies gut gelingt, lohnt es sich, die stehenden Gewässer in der Natur etwas näher zu betrachten. Schließlich sollten sie ja Vorbild für Ihren naturnahen Teich im Garten sein. Dieser Blick nach draußen vermittelt auch schon einen Eindruck von der Schönheit und Faszination der Tier- und Pflanzenwelt im Naturteich.

Foto oben: Große Königslibelle bei der Eiablage.
Foto links: Ein wunderschöner Anblick tut sich dem Betrachter durch das Uferröhricht des Naturteichs auf. Wasserknöterich in Gesellschaft mit weißen Seerosen bildet eine harmonische Gemeinschaft.

Von der Pfütze bis zum See

In der Natur gibt es eine Vielzahl von verschieden großen stehenden Gewässern mit typischen Pflanzen- und Tierarten. Die Pfütze ist die einfachste Form eines natürlich stehenden Gewässers. Sie bildet sich in geringen Bodenvertiefungen, die beispielsweise durch eine Radspur entstanden sind. Besteht der Bodenuntergrund aus wasserundurchlässigem Lehm, sammelt sich Regen in der Vertiefung. Wegen ihrer geringen Wassertiefe trocknet eine Pfütze schnell aus. Wasserinsekten, Mückenlarven, Kleinkrebse, unter Umständen Gelbbauchunken und badende Vögel werden von Pfützen angelockt. Es kommen nur solche Landpflanzen vor, die eine Überflutung vertragen. Der Tümpel ist eine tiefe Pfütze, die nur in Ausnahmefällen austrocknet. Zum Beispiel werden Wurzelgruben umgestürzter Bäume zu Tümpeln, wenn sie sich mit Wasser füllen. Hier finden Sie die Tiere der Pfütze wieder, in besonderem Maße aber auch Amphibien und die Larven von Libellen und Wasserkäfern. Wasser- und Sumpfpflanzen sind im Tümpel regelmäßig anzutreffen. Als Weiher wird ein Gewässer bezeichnet, das ganzjährig mit Wasser gefüllt bleibt. Zwar kann der Wasserstand in Abhängigkeit vom Grundwasserspiegel oder Niederschlag schwanken, doch wird der Weiher nie ganz austrocknen. In einem Weiher können auch Fische überleben. Sie wiederum locken Reptilien und Vögel an, die sich von ihnen ernähren, wie beispielsweise Ringelnatter, Fischreiher und Eisvogel. Wasser- und Sumpfpflanzen aller Art sind im Weiher vertreten. Allerdings ist die Zusammensetzung der Arten stark vom Gewässertyp, also vom Untergrund und der Wasserqualität abhängig. Der Teich ist nichts anderes als ein künstlich angelegter Weiher. Er hat einen Abfluß, der eine kontrollierte Entleerung und Füllung erlaubt. Ein See kann beträchtliche Tiefen aufweisen, so etwa der Laacher See 53 m, der Bodensee 250 m, womit er sich von Tümpel, Weiher und Teich deutlich unterscheidet.

Was ist ein Naturteich?

Der Begriff Naturteich wurde in den letzten Jahren als Gegensatz zum Zierteich geprägt. Naturteich: Der Naturteich im Garten ist ein Refugium für einheimische Pflanzen und Tiere, die sich hier ungestört ansiedeln, entwickeln und vermehren können. Manche Naturteich-Liebhaber verzichten auf den künstlichen Besatz von Tieren und Pflanzen, und warten ab, bis sie sich von selbst ansiedeln. Wer dazu nicht die Geduld hat, kann seinen Teich aber auch bepflanzen (→ Kapitel Pflanzen und Tiere, Seite 28 bis 43) und einiges dafür tun, damit sich Tiere rascher ansiedeln (→ Praxis Naturschutz, Seite 42). Technische Hilfsmittel wie Luftpumpen zur Sauerstoffzufuhr oder Wasserfilter sind in einem richtig angelegten Naturteich unnötig. Der Mensch greift in den Naturteich nur ein, um zu starkwüchsige Pflanzen auszulichten und um den Teich im Spätherbst zu reinigen (→ Pflegemaßnahmen, Seite 58). Zierteich: In einem Zierteich ist das anders. Hier werden Pflanzen und Tiere, vor allem Fische, vom Menschen eingesetzt. Damit das Mit- und Nebeneinander der Tiere und Pflanzen in solch einem »Wassergarten« gut funktioniert, muß der Mensch häufig eingreifen. Der Einsatz von technischen Hilfsmitteln ist im Zierteich meist unumgänglich. Wenn Sie sich an dieser Stelle lieber für die Anlage eines Zierteichs entscheiden möchten, finden Sie in den GU Ratgebern »Gartenteich« und »Gartenteich anlegen und bepflanzen« sowie »Teichpflanzen einsetzen und Pflegen« (→ Literatur, die weiterhilft, Seite 62) viele Gestaltungsideen mit genauen Arbeitsanleitungen.

Was ist ein Naturteich?

Eindrucksvolle Blütenpracht: Blaue Schwertlilien.

Der Naturteich im Garten, Beitrag zum Naturschutz?

Noch vor 30 bis 40 Jahren prägten unzählige Teiche, Tümpel und Weiher das Bild unserer Landschaft. Vielleicht erinnern Sie sich selbst noch an die Zeiten, in denen Sie mit einem Gurkenglas bewaffnet »tümpeln« gingen. Dabei hatten auch Stadtkinder in der Regel keinen weiten Weg bis zum nächsten Tümpel. Heute sind diese stehenden Kleingewässer in großer Zahl der modernen Landschaftsgestaltung zum Opfer gefallen. Sie wurden zugeschüttet, um Bau- und Ackerland zu gewinnen, oder mit Müll und Abfällen verunreinigt. Der Lebensraum vieler Pflanzen- und Tierarten hat dadurch so abgenommen, daß sie inzwischen auf der »Roten Liste« (→ Literatur, die weiterhilft, Seite 62) zu finden sind. Ihr Bestand ist gefährdet und viele Arten sind vom Aussterben bedroht. Das gilt in besonderem Maße für die Amphibien wie Gras-, Moor- oder Teichfrösche, die verschiedenen Krötenarten und die Molche. Naturschützer haben herausgefunden, daß eine große Zahl kleiner Gewässer für das Überleben von Wassertieren günstiger ist, als eine geringe Anzahl sehr großer Gewässer. Möglichst viele kleine, nahe beieinanderliegende, naturnah gestaltete Teiche in Gärten können also für die stark bedrohte Tier- und Pflanzenwelt ein Hort zum Überleben werden. Liegt der Teich außerdem in erreichbarer Nähe intakter Freilandgewässer oder Feuchtwiesen, und ist er nicht von stark befahrenen Straßen oder sehr dichter Bebauung umgeben, erhöht sich sein Wert für den Naturschutz (→ Amphibien künstlich ansiedeln, Seite 38). Aber auch bei einer ungünstigen Lage Ihres Grundstücks sollten Sie nicht von vornherein auf einen Naturteich verzichten. Zwar werden sich in der Regel keine Amphibien ansiedeln, dafür können sich Insektenlarven entwickeln, Wasserläufer und Libellen sich an Ihrem Teich tummeln und viele Pflanzenarten einen Lebensraum finden.

Die natürliche Entwicklung der Tier- und Pflanzenwelt

Wer abwarten möchte, bis sich Pflanzen und Tiere in seinem Naturteich von selbst ansiedeln, kann folgendes beobachten. Anfangs ist das Wasser noch klar, das Ufer unbegrünt. Mit der Zeit aber wehen Pflanzenteile, Blätter und Insekten auf die Wasseroberfläche, sterben ab und sinken zu Boden (→ Das biologische Gleichgewicht, Seite 54). Hier werden sie von Bakterien zu Erde zersetzt (mineralisiert). Es entsteht eine flache »Kompostschicht« auf dem Boden, und entsprechend wirken die Zersetzungsprodukte: Sie düngen das Wasser, geben Nährstoffe ab, von denen zunächst einfache (einzellige) freischwebende Algen leben. Diese vermehren sich dank des Nährstoffreichtums und besonders unter dem Einfluß des Sonnenlichtes in zunehmendem Maße, sinken langsam zu Boden und sterben ab. Hier werden sie ebenfalls »verkompostiert«. Der Nährstoffgehalt steigt weiter, und damit die Zahl der Algen, die wiederum Nahrung für verschiedene Tierarten sind.

Höhere Pflanzen

Inzwischen sind durch Samenflug und Wasservögel höhere Pflanzen eingetragen worden, die am Grund wurzeln und im Uferbereich zu keimen beginnen, wo sie herrlich gedüngtes Wasser vorfinden. Dabei gedeihen nur die Arten aus der Vielfalt der eingetragenen Gewächse, denen sowohl Wasserqualität als auch Untergrund zusagen. Die anderen gehen ein oder kümmern, bis sie schließlich von den starkwüchsigen, »standortgemäßen« Arten überwuchert werden. Zwischen Wurzeln und Stengeln sammeln sich Erde und Schlamm besonders rasch an, verfestigen sich und werden von den Wurzeln neu hinzugekommener Pflanzen festgehalten. Dies geschieht auch am Saum zum offenen Wasser hin. Der Pflanzengürtel schiebt sich dadurch immer weiter auf das offene Wasser hinaus – das Gewässer kann »verlanden« (→ Wie Sie Störungen erkennen und beheben, Seite 57).

Reiche Tierwelt

Die kleinsten Organismen der Tierwelt können nicht aktiv fliegen. Sie werden als »Sporen« im abgekapselten (trockenen) Zustand mit dem Staub – zum Beispiel aus einem ausgetrockneten Tümpel – angeweht. Das trifft auf Urtierchen, übrigens auch auf Bakterien, zu, jedoch auch auf bestimmte »Dauerstadien« von Kleinkrebsen und Würmern. Wasserkäfer fliegen herbei; Mükken legen ihre Eier ins Wasser, die sich bald zu Larven entwikkeln und als attraktives Futter Wasserläufer und Rückenschwimmer anlocken. Eier von Schnecken, Amphibien und Fischen werden im Gefieder von Wasservögeln aus reich bevölkerten Seen herbeigetra-

Die natürliche Entwicklung

Wie funkelnde Juwelen wirken diese Heidelibellen im Morgentau.

gen und entwickeln sich bei gutem Nahrungsangebot rasch. Junge Molche, Frösche und Kröten kommen auf der Suche nach neuen Wohn- und Laichgewässern aus vielen Kilometern Entfernung herbei, um sich unter den günstigen Lebensbedingungen anzusiedeln (→ Frösche und Co., Seite 38), und manche Ringelnatter wird sich ihrerseits von dem reichgedeckten Tisch ernähren wollen. Einer lebt vom anderen. Das Räuber-Beute-Verhältnis pendelt sich rasch ein. Es läßt jeden überleben – das Gleichgewicht im Artenbestand des Gewässers ist hergestellt. Auch Ihr Naturteich im Garten wird diesen Gesetzen gehorchen. Was Sie tun können, um diesen Lebensraum gesund zu erhalten, aber auch was Sie unterlassen sollten, um sein Gleichgewicht nicht zu stören, erfahren Sie in den folgenden Kapiteln.

Hinweis: Ein Teich wird häufig als Feuchtbiotop bezeichnet. Biotop heißt ganz allgemein Lebensraum, in dem bestimmte Pflanzen und Tiere in einer Lebensgemeinschaft zusammen existieren.

Vorbereitungen fürs Teichanlegen

Bevor Sie den Naturteich anlegen, müssen Sie einiges beachten:

Grundstücksgröße: Ein Naturteich im Garten läßt sich in jeder beliebigen Größe anlegen. Das kann auf einem kleinen Grundstück etwa in Form einer langgestreckten Pfütze (→ Die Teichgröße, Seite 12) geschehen. Bei Reihenhausgrundstücken und guten nachbarschaftlichen Beziehungen bietet sich auch eine grenzüberschreitende Lösung an, wobei der Teich dann den Gartenzaun ersetzt und somit auf viel verbindlichere Art und Weise trennt.

Mit zunehmender Größe und Tiefe des Teichs steigern Sie die Stabilität dieses Lebensraumes.

Grundstückslage: Ist Ihr Grundstück eben oder liegt es am Hang? Soll Ihr Naturteich an einem Hang angelegt werden, müssen Sie steile Teichufer besonders befestigen, damit sie nicht abrutschen und Ihr Teich ausläuft. Beispiele für die Randgestaltung eines Naturteichs finden Sie auf der PRAXIS-Seite 20.

Das Umland: Es ist entscheidend für die Zuwanderung von Amphibien (→ Amphibien im Garten, Seite 38).

Woran Sie sonst noch denken sollten:

• Ist das Grundstück nur gemietet, müssen Sie den Eigentümer um Erlaubnis fragen.

• Kleinkinder können auch in relativ flachen Teichen ertrinken. Schützen Sie sie mit Hilfe einer Teichumzäunung (→ Schutzmaßnahmen, Seite 18).

• Denken Sie an mögliche Probleme mit den Nachbarn, vor allem, wenn Froschkonzerte zu erwarten sind (→ »Das Froschurteil«, Seite 38).

• Haben Sie Haustiere, die das Teichleben stören können? Denken Sie vor allem an badende Hunde und fischende Katzen. Prüfen Sie, inwieweit Sie dieser Gefahr für die Tiere im Teich begegnen möchten.

Das ist beim Standort zu berücksichtigen

Baumbestand: Bäume haben eine wechselhafte Wirkung auf den Naturteich. Im Sommer spenden sie den oft segensreichen Schatten, der den Teich vor übermäßiger Erwärmung und Veralgung schützt. Im Herbst kann Laub in größerer Menge die Wasserqualität für die Teichbewohner bedrohlich verschlechtern. Es muß deshalb entfernt werden (→ Wie Sie Störungen erkennen und beheben, Seite 57). Gut ist es, wenn der Baum den Teich während der größten Mittagshitze beschattet. Am Vormittag und späten Nachmittag aber sollte die Sonne den Teich bestrahlen.

Witterungseinflüsse: Neben Licht und Schatten ist auch der Wind von Bedeutung. Hat er ungehindert Zugriff, so entsteht ein sehr wechselhaftes Klima, bei dem sich die Teichbewohner nicht immer wohlfühlen und dann lieber ihre Verstecke aufsuchen. Folge: Sie bekommen sie für Ihre Beobachtungen seltener zu Gesicht. Günstiger für einen Naturteich ist ein geschützter Platz im Garten, wo Mauern, Gebäude oder Hecken die Kraft des Windes brechen.

Regen ist ein entscheidender Lebensquell für den Teich. Einmal gefüllt, trocknet ein Teich in den gemäßigten Breiten Mitteleuropas praktisch nie aus. Selbst in heißen Sommern mit wenig Niederschlägen fällt genug Regen, um das verdunstete Wasser wieder aufzufüllen. Wichtig ist daher, vor allem kleinere Teiche nicht unterhalb von Baumkronen anzulegen, die den Regen abhalten.

Bodenbeschaffenheit: Beim Ausheben der Teichgrube können Sie Überraschungen erleben. Schon dicht unter der Humusschicht kann natürlicher Fels anstehen. In einem solchen Fall sollten Sie sich dazu entschließen, Ihren Teich an einer anderen Stelle anzulegen.

Die Weiße Seerose ist eine einheimische Schwimmblattpflanze.

Die Teichgröße

Die Größe des Teiches sollte immer auf die Größe des Grundstückes abgestimmt sein.
• Für Reihenhausgrundstücke oder kleine Gärten: Teich in Form einer langgestreckten Pfütze von 2,5 m Länge, 60 bis 70 cm Breite und 40 bis 50 cm Tiefe.
• Für mittelgroße Gärten: Teiche von 6 qm Fläche und 1,2 m Tiefe bieten Pflanzen und Tieren einen stabilen Lebensraum.
• Für sehr große Gärten: Eine Maximalgröße gibt es nicht, doch selten stehen für einen Teich in einem Garten mehr als 25 qm zur Verfügung.

Wassertiefe

Ihr Naturteich sollte drei verschiedene Bereiche für Tiere und Pflanzen aufweisen, nämlich eine Sumpfzone (0 bis etwa 5 cm tief), eine Flachwasserzone (5 bis 25 cm) und eine Freiwasserzone (mehr als 30 cm).

Teichform

Die Form Ihres künftigen Naturteichs ist vollkommen Ihrer Phantasie überlassen. Dabei sind jedoch häufig die Gegebenheiten Ihres Grundstückes mitentscheidend. Probieren Sie am besten mit einem langen Gartenschlauch oder einer Schnur aus, welcher Teichumriß sich gut in das Gesamtbild Ihres Gartens einfügt. Zu bedenken ist allerdings, daß kurven- und eckenreiche Formen beim Ausheben und Abdichten der Teichgrube mehr Arbeit machen und auch mehr Material benötigen.

Teichprofil

Mit Teichprofil ist der Querschnitt der Teichgrube gemeint.
Das ideale Teichprofil ist ein Teich mit ausgedehnten und flach auslaufenden Uferzonen (→ PRAXIS Teich anlegen, Seite 16), die vielen Pflanzen und Tieren einen Lebensraum bieten. Der Böschungswinkel sollte möglichst überall nicht mehr als 35° betragen, damit der Teichboden gut liegen bleibt und nicht abrutscht. Hier einige Beispiele, wie tief der Teich bei welcher Größe und einem Böschungswinkel von 35° wird. Diese Rechnungen setzen aber voraus, daß der Teich mindestens so lang wie breit ist.

Teichdurchmesser	Tiefe
1,5 m	52 cm
2,0 m	70 cm
3,0 m	105 cm
3,5 m	120 cm

Steilufer: Wenn Sie nicht genügend Raum auf Ihrem Grundstück zur Verfügung haben, empfehle ich Ihnen, ein Teichufer so steil wie möglich zu gestalten (→ PRAXIS Randgestaltung, Seite 20). Dann können Sie frostfreie Tiefen herstellen und haben zumindest ein flaches, gut zu bepflanzendes Ufer.
Steilufer können auch nötig werden, wenn Sie Ihren Teich an einem Hang anlegen. Ein Steilufer muß mit Hilfe einer Trockenmauer (→ PRAXIS Randgestaltung, Seite 20) oder mit senkrecht eingegrabenen Rundhölzern befestigt werden.

Wohin mit dem Aushub?

Beim Ausheben der Teichgrube fällt Erdreich an, das Sie zur Gestaltung des Gartens verwenden können, zum Beispiel für einen geräuschdämmenden Wall oder einen kleinen Hügel. Mit dem Aushub lassen sich auch Überwinterungsplätze für Amphibien und Reptilien schaffen (→ PRAXIS Naturschutz, Seite 42). Ist dies nicht möglich, muß das Erdreich auf eine Deponie geschafft werden.

Abdichten des Teiches

Mit Teichfolie: Folie läßt sich auch bei großen Teichen noch gut von handwerklich Ungeübten verarbeiten. Eine genaue

Was Sie nicht vergessen dürfen

<u>Stromanschluß:</u> Am besten gleich beim Teichanlegen installieren lassen, da Sie später den Teich mit einer Tauchpumpe leerpumpen müssen (→ Pflegemaßnahmen, Seite 58).
Wichtig: Pumpen werden mit Strom betrieben. Strom in Verbindung mit Wasser kann zu tödlichen Unfällen führen. Lassen Sie deshalb elektrische Installationen nur vom Fachmann ausführen. Achten Sie beim Kauf der Pumpe darauf, daß das Gerät das VDE-Zeichen (Verein Deutscher Elektroingenieure) oder das gültige TÜV-Zeichen (GS = geprüfte Sicherheit) trägt. Netzstecker ziehen, bevor Sie die Pumpe in den Teich legen oder sie wieder herausnehmen. Auch Reparaturen nur vom Fachmann ausführen lassen.
<u>Wasseranschluß:</u> Gewöhnlich ist in jedem Garten auch ein Wasseranschluß zu finden, um den Teich mit Wasser zu füllen. Der Schlauch sollte bis zur tiefsten Stelle des Teichs reichen, damit Sie beim Füllen nicht den Sand vom Hang spülen (→ Seite 17).
<u>Wasserüberlauf:</u> Jeder Teich braucht einen Wasserüberlauf mit Abfluß, der nach einem heftigen Regenguß die Wassermassen in geordnete Bahnen lenkt. Ohne Abfluß kann der Teich nach einem Wolkenbruch überlaufen und das Wasser an Häusern große Schäden anrichten. Gestalten Sie den Wasserüberlauf zum Beispiel in Form einer Rinne, die in eine Sickergrube (→ PRAXIS Teich anlegen, Seite 16) mündet oder als Bach (→ PRAXIS Bach anlegen, Seite 26), der durch Ihren Garten verläuft. Möglich ist auch ein Wasserüberlauf mit direktem Kanalanschluß. Die Verbindung zum Kanalanschluß ist allerdings nur mit einer Genehmigung Ihrer Gemeinde möglich.

lassen (→ PRAXIS Teich anlegen, Seite 16).
<u>Lehm:</u> Wenn Sie Ihren Teich lieber mit einem natürlichen Material abdichten möchten, ist fetter Ton (»Lette«) oder Lehm das Richtige. Er ist wasserundurchlässig und sollte in einer Schicht von 30 cm Dicke verarbeitet werden. In einer krümelig-trockenen Form gleichmäßig auf dem Teichboden verteilen. Dann wird er gewässert und mit den Füßen geknetet und geglättet. Eine gleichmäßig dicke Schicht können Sie auch mit zwei senkrecht übereinandergestellten Lagen ungebrannter Tonziegel herstellen, die Sie in einer Ziegelei erhalten. Tonziegel müssen ebenfalls gewässert und geknetet werden. Auf den verarbeiteten Ton sollten Sie eine 10 bis 15 cm dicke Schicht groben Sand einbringen. Sie verhindern so, daß gründelnde Fische den Lehm aufwirbeln. Außerdem verringert sich die Gefahr, daß tiefwurzelnde Pflanzen wie Schilf den Lehm durchstoßen und Wasser versickert. Zum Schluß Wasser langsam einfüllen. Den Lehmbedarf können Sie nach der auf Seite 32 beschriebenen Formel zur Berechnung des Teichbodens ausrechnen.
<u>Kunststoff-Fertigteiche:</u> Sie sind nur geeignet, wenn sie flach auslaufende und gestufte Uferpartien haben und groß genug sind.

Arbeitsanleitung finden sie auf Seite 17. Folie ist dunkel gefärbt, »rußstabilisiert«, widerstandsfähig gegen Sonnenlicht und mit 1 mm Stärke etwa 10 bis 20 Jahre haltbar. Wollen Sie am Teich später etwas ändern, läßt sie sich leicht wieder entfernen. Ist eine handelsübliche Bahnbreite zu klein, können Sie mehrere Bahnen mit Hilfe eines Quellschweißmittels (beim Folienlieferanten erhältlich) wasserdicht verbinden. An den Klebestellen Folienbahnen etwa 5 cm überlappen

Der Naturteich entsteht

Die Planungsphase ist nun abgeschlossen. Sie haben Standort, Größe und Form Ihres Naturteichs bestimmt und wissen, welches Abdichtungsmaterial Sie verwenden werden. Jetzt geht´s an die Arbeit. Dabei können Sie Ihre Phantasie schon vorauseilen lassen zum fertigen Naturteich.

Das brauchen Sie zum Teichanlegen

• Zum Markieren des Teichrands: Etwa 12 Holzpflöcke, einen Hammer und Schnur oder Schlauch zum Abstecken oder einen Schlauch zum Auslegen.
• Zum Ausheben der Grube: Pickel, Spaten und Schaufel, eventuell einen kleinen Bagger, den Sie ausleihen können.
• Für einen ebenen Teichrand: Bei kleinen Teichen Wasserwaage und ein langes Brett, das über die Teichgrube gelegt wird, bei größeren eine Schlauchwaage (→ PRAXIS Teich anlegen, Seite 16).
• Zum Berechnen des Folienbedarfs: Lange Schnur und Zollstock.
• Zum Abdichten: Material (Folie, Lehm oder Beton) in berechneter Menge.
• Für den Teichunterbau: Schutzvlies oder Flußsand in berechneter Menge.

• Für den Teichboden: Flußsand in berechneter Menge.
• Zur Randgestaltung (→ PRAXIS Randgestaltung, Seite 20): Entsprechendes Material.

Tips für die Erdarbeiten

<u>Zeitpunkt:</u> Wählen Sie den Baubeginn so, daß Sie den Teich noch im Herbst mit Wasser füllen können. In dieser Zeit kann sich bereits Plankton (→ Seite 46) in Ihrem Teich entwickeln.
<u>Markieren der Teichform:</u> Nachdem Sie den Teichumriß festgelegt haben (→ PRAXIS-Teich anlegen Seite 16), können die Erdarbeiten beginnen.
<u>Teichgrube ausheben:</u> Stechen Sie mit einem Spaten die Grasnarbe, falls vorhanden, in spatengroßen Stücken ab und legen Sie sie zur Seite. Sie können die Grassoden später zum Abdecken des Teichrands verwenden. Dann dürfen sie allerdings nicht länger als 1 bis 3 Tage übereinanderliegen, sonst bleichen sie aus und müssen erst wieder neu austreiben. Rasensoden lassen sich aber auch gut zu Amphibienverstecken nutzen. Drehen Sie für diesen Zweck die Soden einfach mit dem Erdreich nach oben und stapeln Sie sie übereinander. Nachdem die Grasnarbe abgehoben ist, finden Sie in der Regel darunter eine Schicht 15 bis 30 cm hohen Mutterbodens. Die Erde ist

dunkler gefärbt als in tieferen Schichten und meist recht locker. Verteilen Sie den Mutterboden gleichmäßig über Gartenbeete. Die Erde tieferer Schichten wird entweder für die Gartengestaltung beziehungsweise zum Teil für die Teichbodenmischung verwendet oder abtransportiert. Die tieferen Erdschichten sind oft sehr fest. Brechen Sie sie zuerst mit dem Pickel zu groben Schollen auf und tragen Sie die Erde dann mit der Schaufel schichtweise ab. Der Teich sollte möglichst rundum flache Uferzonen haben, die langsam tiefer abfallen. In flachen Uferbereichen erwärmt sich im Frühjahr das Wasser schneller, und die Larvenentwicklung der Tiere verläuft günstiger. Im Sommer wird flaches Wasser aber auch stark durchleuchtet, was die Algenproduktion in unerwünschtem Ausmaß anregen kann. Ab 80 cm schaffen Sie frostfreie Regionen. Hier können dann auch Fische im Teich überwintern. 1,2 m unter der Wasseroberfläche und tiefer bleiben in heißen Sommern oft kühlere Wasserschichten erhalten, während an der Oberfläche die Temperaturen steigen. Das hat Vorteile für Tiere, die zu hohe Erwärmungen des Wassers nicht gut vertragen. Außerdem nimmt das Licht in größerer Tiefe ab, so daß tiefe Teiche auch weniger stark zum Veralgen neigen.

Der Steg ermöglicht eine gute Beobachtung von Pflanzen und Tieren.

Praxis: Teich anlegen

Damit der Naturteich lange Freude bereitet, muß er sorgfältig geplant werden.

Besonnungsdauer feststellen
Zeichnung 1

Der Naturteich sollte etwa 5 bis 6 Stunden am Tag Sonne haben, am besten vormittags und am späten Nachmittag. Liegt der Teich ganztägig in der Sonne, muß er mittags beschattet werden, am besten durch eine Gehölzpflanzung. Der Naturteich sollte windge-schützt liegen. Kleinere Teiche dürfen nicht unmittelbar unterhalb dichter Baumkronen angelegt werden (→ Seite 10). Legen Sie den Teichumriß mit einem Gartenschlauch oder einer langen Schnur fest und markieren Sie ihn mit kleinen Holzpflöcken (→ Zeichnung 1).

Wasserspiegel justieren
Zeichnung 2

Nach dem Ausheben der Teichgrube und vor dem Einlegen des Abdichtungsmaterials (→ Zeichnung 3) müssen Sie dafür sorgen, daß der Teichrand »in der Waage« liegt. Das ist wichtig, damit er später nicht ausläuft. Um den Wasserspiegel zu justieren ist eine Schlauchwaage nützlich. Dazu den Gartenschlauch so umfunktionieren (→ Zeichnung 2):
• In jedes Ende des Schlauchs ein durchsichtiges PVC-Röhrchen stecken.
• Den Schlauch mit Wasser füllen.
• Das eine Ende des Schlauchs an einen Pfahl binden, den Sie in der Teichgrube eingeschlagen haben.
• Mit dem anderen Ende in der Hand von der Teichgrube aus den Teichrand abschreiten.
• Randhöhe an Holzpflöcken markieren.
• Der Teichrand ist eben, wenn sich der Wasserspiegel in beiden PVC-Röhrchen in gleicher Höhe befindet. Für kleine Teiche ein langes Brett über die Teichgrube legen und mit Hilfe der Wasserwaage prüfen, ob der Teichrand waagrecht ist.

2 Mit der Schlauchwaage prüfen, ob der Teichrand waagrecht liegt.

Folienteich anlegen
Zeichnung 3

So wird's gemacht:
• Teichgrube säubern. 10 cm hohe Sandschicht oder Vlies (im Garten- oder Zoofachhandel erhältlich) zum Schutz der Folie in die Teichgrube einbringen.
• Folie einlegen. Bei großen Teichen Folie von der Mitte der Grube aus entfalten. Bei kleinen Teichen Folie neben der Teichgrube auseinanderfalten und über der Grube ausbreiten. Die Folie muß etwa 40 bis 50 cm über den Rand hinausragen.
• Darauf kommt eine 30 cm dicke Schicht ungewaschener Bau- oder Flußsand (→ Berechnung des Teich-

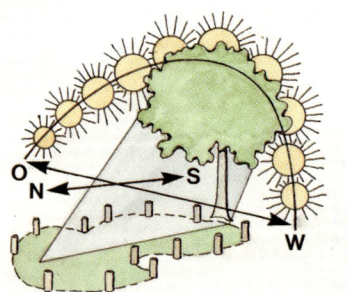

1 Besonnungsdauer des Teichs prüfen: Dazu den Umriß mit einer langen Schnur festlegen und mit Holzpflöcken markieren.

bodenbedarfs, Seite 32). Dazu den Sand einfach Schubkarre neben Schubkarre vom Teichrand aus in die Tiefe kippen. Den Sand mit Hilfe einer Schaufel von der Grube aus die Uferschräge emporschichten. Bei einem Böschungswinkel von 35° (→ Seite 12) bleibt der Sand auf der Böschung liegen.
• Grobe Unebenheiten mit der Schaufel ebnen und den Sand glattharken. Mit Hilfe eines Lineals prüfen, ob der Sand an allen Stellen etwa 30 cm hoch aufgeschüttet ist. Nach Einfüllen des Wassers »setzt« sich der anfangs lockere Sand zu einem festen, 20 bis 25 cm starken Teichboden. In dem Maße, wie Sie den Teichboden von unten her die Uferschräge höherschichten, die Folie ausrichten. Dabei Falten in der Folie glätten und so legen, daß sie später optisch nicht stören.
• Leitungswasser mit dem Gartenschlauch einfüllen, so daß der Teichgrund etwa 10 cm hoch mit Wasser bedeckt ist (→ Einsetzen von Pflanzen, Seite 35).
• Die Folie nun am Teichrand befestigen oder Randgestaltung vornehmen (→ PRAXIS Randgestaltung Seite 20). Folienenden müssen immer nach oben weisen, damit Feuchtes von Trockenem getrennt wird. Können sich feine Wasserkanälchen zur trockenen Umgebung bilden, wird dem Teich Wasser entzogen.

Folienbedarf berechnen

• Nach dem Ausheben der Teichgrube zunächst von der größten Breite ausgehend die Schnur locker vom Teichrand über den Teichboden zum gegenüberliegenden Rand legen.
• Schnurlänge ausmessen. Ebenso mit der Teichlänge verfahren.
• Sie haben nun die Maße für Breite und Länge der benötigten Folie.
• Für die Randgestaltung etwa 50 cm Folie hinzurechnen. Geben Sie also jeweils 1 m Folie zu Breite und Länge hinzu.

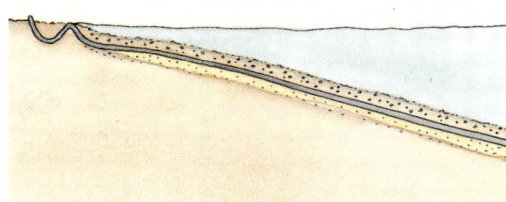

3   Sandschicht in die Teichgrube einbringen, Folie einlegen und mit einer Schicht Bausand auffüllen.

Die Sickergrube
Zeichnung 4

Eine Sickergrube nimmt nach heftigen Regengüssen überflutendes Wasser Ihres Teiches auf. Solch eine Grube ist einfach und schnell anzulegen. Verwenden Sie dazu einen sogenannten Kompostring (im Gartenfachhandel erhältlich). Graben Sie in etwa 1 m Entfernung vom Teich ein Loch in der Größe des Rings. Die Wände (nicht den Boden) mit Folie auskleiden. Füllen Sie jetzt den Ring mit großen Steinen. Als Verbindung zwischen Sickergrube und Teich kann eine einfache, rinnenförmige Vertiefung in der Erde gewählt werden, die Sie mit Gras bepflanzen. Sie hält den gelegentlichen, kurzfristigen Überflutungen erfahrungsgemäß stand. Eine noch günstigere Verbindung zur Zisterne schaffen Sie allerdings, wenn Sie eine Rinne in Form eines Bachlaufs schaffen (→ PRAXIS Bach anlegen, Seite 26) und sie mit Folie auskleiden.

4   Die Sickergrube vermindert Schäden durch überlaufendes Wasser.

Der Teichrand – ein Thema mit Variationen

Es ist für die ungestörte Entwicklung wichtig, daß nur ein kleiner Teil des Teichrands befestigt und damit begehbar wird. Das übrige Ufer sollte als Ruhezone für Tiere und empfindliche Pflanzen möglichst nicht betreten werden.

Für den begehbaren Teichrand an flachen Uferpartien einen schmalen Zuweg zum Teich aus Natursteinplatten anlegen oder sich nach Fertigstellung des Teichs einen »Beobachtungsplatz« aus Holz bauen (→ PRAXIS Randgestaltung, Seite 20). Die einfachste Form, an flachen Ufern den Teichrand einzufassen, bieten Rasensoden. Bedecken Sie dafür die überstehende Folie am Teichrand einfach mit ihnen. Achten Sie aber darauf, daß die Folienenden aufwärtsgebogen bleiben, damit das »Ufergras« vom übrigen Gras getrennt bleibt. Ein Steilufer wird am besten mit Hilfe einer Trockenmauer befestigt.

Der nicht begehbare Teichrand kann als Sumpfbeet, Steinwall zum Sonnen für Tiere oder Schilfgürtel gestaltet werden.

Geeignete Materialien für den Teichrand

Natursteine wie Kiesel, Bruchsteine und Natursteinplatten. Empfehlenswerte Gesteinsarten

Schutzmaßnahmen und Haftung bei Unfällen

Sichern Sie Ihren Teich durch einen Zaun. Kinder können selbst in einem flachen Teich ertrinken. Im Winter kann die gefrorene Oberfläche eines Teichs beim Betreten brechen. Lassen Sie deshalb neben einem größeren, zugefrorenen Teich immer eine längere Holzleiter als Rettungsgerät liegen.

Bei Unglücksfällen, werden Sie haftbar gemacht, wenn Sie die »Gefahrenquelle« nicht ausreichend abgesichert haben. Denn es besteht eine allgemeine Verkehrssicherungspflicht, besonders gegenüber Kindern. Das bedeutet, daß jeder Grundstückseigentümer oder -mieter wirksame, auf Dauer angelegte Schutzmaßnahmen ergreifen muß, um Kinder vor den Folgen ihrer Unerfahrenheit zu schützen, wenn ihm bekannt ist, daß die Kinder immer wieder sein Grundstück zum Spielen benutzen und ihnen hierdurch Schaden droht. Für Gartenteichbesitzer heißt das: Liegt der Teich in einem umzäunten Gartengelände, so darf sich der Gartenteichbesitzer in der Regel darauf verlassen, daß Unbefugte nicht in sein Gelände eindringen werden. Ein Verschulden liegt dann nicht vor.

Ist aber der Gartenteich beispielsweise in einem nicht eingezäunten Vorgarten gelegen oder ist dem Gartenteichbesitzer bekannt, daß Kinder trotz Ermahnungen und Verboten am Teich spielen, so hat er die notwendigen wirtschaftlich zumutbaren Vorkehrungen gerade zum Schutz von Kindern zu treffen.

Als Schutzmaßnahme gut bewährt hat sich ein etwa 1,2 m hoher, abgestumpfter Lattenzaun mit Gartenpforte, die mit Riegel und Vorhängeschloß versehen ist.

Für Wasserschäden haftet grundsätzlich derjenige (Grundstückseigentümer, aber auch Mieter), der den Gartenteich mit einer Wasserzuleitung oder Wasserableitung angelegt hat. Wird durch eine schadhafte Wasserleitung oder durch unsachgemäßes Ablassen des Teichwassers beispielsweise das Nachbargrundstück überschwemmt, so hat der Verantwortliche den Schaden zu ersetzen.

Der Abschluß einer Haftpflichtversicherung empfiehlt sich in jedem Fall. Sie sollten sich daher von Ihrer Versicherungsgesellschaft schriftlich bestätigen lassen, daß der Gartenteich in die Versicherung mit einbezogen ist.

Der Teichrand

Üppige Randbepflanzung mit Lysimachia punctata und Inula magnifica.

sind alle Urgesteine, zum Beispiel: Kieselsteine, roter, grüner und schwarzer Schiefer, Sandstein, Lava und Basalt. Kieselsteine und Naturstein-platten erhalten Sie in Bau-stoffhandlungen, während die übrigen Natursteine etwas schwieriger zu bekommen sind. In einigen Gegenden gibt es spezielle Natursteinvertrie-be (im Branchen-Fernsprech-buch nachschauen). In länd-lichen Gebieten lohnt es sich, bei den Bauern nachzufragen. Sie sammeln oft Steine, die beim Beackern ihrer Felder anfallen und geben sie viel-leicht an Sie ab.

Holz fügt sich harmonisch in die Gestaltung Ihres Natur-teichs ein. Sie können sich damit einen Steg anlegen, oder mit Rundhölzern Ufer befesti-gen. Verlangen Sie am besten »druckimprägniertes« Holz – es wurde mit einem speziellen Verfahren behandelt –, das auch bei andauerndem Erd-kontakt eine lange Lebens-dauer hat. Zwischen Holz und Teichwasser sollten Sie aber in jedem Fall eine Folie anbrin-gen, um zu verhindern, daß im Holz enthaltene Stoffe ins Wasser gelangen.

Praxis:
Randgestaltung

Trockenmauer
für Steilufer

Die Trockenmauer bietet eine solide begehbare Befestigung und dient Insekten und Amphibien als Versteckmöglichkeit.
Die Mauer besteht aus grob behauenen Natursteinen. Errichtet wird sie, bevor Sie die Folie in die Teichgrube legen.
Und so geht's:
• Zunächst das Erdreich etwa in der Breite der Steine (30 bis 40 cm) abgraben.
• Steine versetzt aufeinanderschichten, dabei die Fugen offen lassen.

• Zur Teichfolie hin die Steine mit etwas Sand verfugen und mit einem Schutzvlies abdecken, damit die Folie vor scharfen Kanten an den Steinen geschützt ist.
• In der Krone der Mauer sollten Sie Spalten belassen. Sie sind für viele Kriechtiere und Insekten Zugang zu einem frostfreien Winterquartier in der Tiefe.
Mein Tip: Zur Befestigung eines Steilufers können Sie auch Rund- oder Kanthölzer palisadenartig in den Boden rammen.

Die Hölzer müssen fest im Boden sitzen und sich an den Steilhang »anlehnen«. Sie werden mit einem Vlies zum Schutz der Folie abgedeckt. Dann kommt die Folie darüber.

Das Sumpfbeet
Zeichnung 1

Ein Sumpfbeet ist nicht begehbar, bietet aber einen zusätzlichen Lebensraum für bestimmte Pflanzen (→ Pflanzen für die Sumpf- und Flachwasserzone, Seite 31) und Tiere. Die Wassertiefe des Sumpfbeetes beträgt 0 bis 5 cm. Die Breite des Beetes ist ganz Ihrem Geschmack überlassen. Beachten Sie jedoch dabei den Folienbedarf.

Die Teichfolie wird unter dem Sumpfbeet verlegt. Füllen Sie das Sumpfbeet mit einer etwa 25 cm hohen Schicht ungewaschenem Bausand auf.

Der Steinwall
Zeichnung 2

Der Steinwall ist zum ungestörten Sonnen für Amphibien und als Winterquartier für Wasserläufer gedacht und damit nicht begehbar. Er wird aus großen Kieselsteinen von 10 bis 15 cm Durchmesser oder Bruchsteinen locker aufgeschichtet. Der nach oben verlaufende Folienrand läßt sich durch die Steine gut befestigen. Besonders hübsch sieht es aus, wenn Sie den Steinwall innerhalb der Sumpfzone beginnen lassen und er außerhalb der hochgezogenen Folie »im Trockenen« endet.

Plattenweg
aus Natursteinen
Zeichnung 3

Für Teiche bis zu 3 m Durchmesser empfiehlt es sich, einen schmalen

1   Die Sumpfzone ist ein eigener Lebensraum für Pflanzen und Tiere.

2   Auf dem Steinwall können sich Tiere ungestört sonnen.

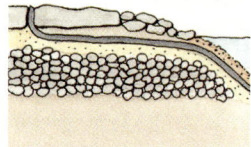

3   Ein Plattenweg aus Natursteinen braucht einen soliden Unterbau.

Gehweg aus Natursteinplatten bis an die Teichkante zu verlegen. Wichtig ist dabei der Unterbau am Teichufer.
• Erdreich zunächst etwa 35 cm abtragen.
• Eine etwa 20 cm hohe Schüttung aus grobem Schotter auftragen und feststampfen.
• Darauf folgt eine 5 cm dicke Sandschicht zum Schutz der Folie.
• Auf die Folie eine 5 cm dicke Sandschicht verteilen.
• Anschließend werden die Platten verlegt.
• Das Folienende muß nach oben weisen.

Der Schilfgürtel

Schilf ist ein wunderbarer Rahmen für einen Naturteich. Aber es wächst so rasant, daß andere Pflanzen dagegen kaum eine Chance haben. Wenn Sie also gerne ein Schilfufer haben möchten, dann gestalten Sie den Teichrand mit einer extra Pflanzwanne (→ PRAXIS Bepflanzung, Seite 34). Deren trennende Folienfalte muß überall aus dem Wasser ragen, weil die unterirdischen Wurzelausläufer jede

Lücke finden, um in den großen Teich hineinzuwachsen.

Beobachtungs-Plattform aus Holz
Zeichnung 4

Diese begehbare Plattform aus Holz können Sie nach Fertigstellung des Teichs bauen. Sie ist nicht nur ein idealer Beobachtungsplatz, sondern bietet auch Tieren eine gute Unterschlupfmöglichkeit.
<u>Und So geht's:</u>
• Sie brauchen 4 U-förmige Betonsteine, 4 Holzbalken (16 x 16 cm), Holzbohlen, Dübel, Schrauben und Nägel.
• Betonsteine so in die Erde verlegen, daß ihre Oberfläche sichtbar ist.
• Holzbalken auflegen.
• Balken und Betonsteine mit langen Schrauben verbinden; dazu Dübel in die Schraubenlöcher einlegen.
• Dann die einzelnen Bohlen auf die Balken nageln.
• Am hinteren Ende der Plattform einen kleinen Erdwall aufschütten, damit die Lücke zwischen Bohlen und

4   Die Beobachtungsplattform aus Holz eignet sich besonders für größere Teiche.

Wiese nicht zur Gefahrenquelle wird.
Mein Tip: Hübsch bepflanzt bereichert der Erdwall das Gesamtbild des Naturreichs.

Ausstieghilfen für Säugetiere
Zeichnung 5

Es kann vorkommen, daß Igel, Mäuse oder Eichhörnchen ins Wasser fallen. An Steilufern hätten die Tiere keine Chance, zum rettenden Land zu gelangen. Um ihr Ertrinken zu vermeiden, sollten Sie den Säugern eine Planke am Steilufer befestigen. Zwei gegeneinanderliegende Holzplanken werden mit Hilfe eines Vierkantholzes am

Teichrand angebracht. Drücken Sie das Vierkantholz leicht in die Erdoberfläche am Teichrand und beschweren Sie es mit einer Natursteinplatte. Zwischen Teichrand und Planken darf kein Zwischenraum sein, da die Tiere stets am Rand nach Rettung suchen.

5   Holzplanken an Steilufern retten Säugetieren das Leben.

Der Bach vor der Haustür

Mit der Anlage eines Bachlaufs schaffen Sie einen zusätzlichen Lebensraum für Pflanzen und Tiere und sorgen für einen zuverlässigen Wasserablauf Ihres Naturteichs nach starken Regenfällen.

Zwei Möglichkeiten für die Bachlaufanlage

Der Bach als Wasserablauf: Dieser Bach führt nicht ständig Wasser, sondern nur, wenn Ihr Naturteich nach starkem Regen überläuft. Diese »Entwässerungsrinne« bietet Pflanzen, die sonst nur am Rande der Sumpfzone des Teichs zu finden sind, gute Lebensbedingungen (→ Pflanzen für die Randzone, Seite 30). Tiere finden in den feuchtbleibenden Vertiefungen des Bachbettes Versteckmöglichkeiten.
Der Bach mit einem Wasserkreislauf: Soll der Bach ständig Wasser führen, dann müssen Sie ihn mit einem eigenen Wasserkreislauf versehen. Die »Quelle« des Bachs ist dann nicht der Naturteich selbst, sondern sie befindet sich unterhalb des Teiches. Die Wasserpumpe steht in einem separaten Auffangbecken, der Zisterne, und pumpt das Wasser durch eine Leitung zur Quelle. Die Verbindung vom Naturteich zur Quelle dient dennoch ebenso als

Wasserablauf nach starken Regenfällen wie oben beschrieben. (→ PRAXIS Bach anlegen, Seite 26).
Wird Ihr Bach aus dem Naturteich gespeist, ist das Wasser im Teich ständig in Bewegung. Es kann sich durch die dauernde Umwälzung des Wassers keine Temperaturschichtung im Wasser bilden, die für die Teichbewohner von Vorteil ist. Außerdem wird das Wasser im flacheren Bachbett zusätzlich aufgewärmt. Das führt beim Rücklauf in den Teich zu vermehrtem Algenwachstum.

Vor dem Anlegen zu bedenken

Bachlänge und Bachverlauf: Die Bachlänge hängt von den Gegebenheiten Ihres Grundstücks ab. Ein paar Windungen sollte er haben, damit das Wasser langsam fließen kann. Beachten Sie aber: Je länger der Bach ist, umso breiter sollte er werden. Ein schmaler Bach mit vielen Windungen birgt die Gefahr, daß sich nach starkem Regen das Wasser rückstauen kann und über die Bachufer tritt.
Bachbreite: Ein Bachlauf mit wechselnden Breiten sieht sehr schön aus. Sie können zwischen 10 und 50 cm Breite wählen (bei 10 cm Breite Bachbett etwa 30 cm tief graben, bei 50 cm Breite auch flacher).

Bachtiefe: Eine wechselnde Bachtiefe bewirkt, daß nach einer Überflutung manche Abschnitte des Bachbettes eher trockenfallen als andere. Bachabschnitte, die lange das Wasser halten, können sogar Gelbbauchunken zum Ablaichen dienen. Ist der Bach an diesen Stellen etwa 30 bis 40 cm breit und ebenso tief, locken solche »Kolke« (→ PRAXIS Bach anlegen, Seite 26) auch Vögel zum Baden und Trinken an.
Das Gefälle: Ein gutes Mittelmaß für das Gefälle sind 1 bis 2 cm Höhenunterschied auf etwa 1 m Bachlänge. Bei starkem Gefälle, können Sie den Bachlauf, um die Strömung zu verlangsamen, in Stufen, also kaskadenförmig, verlaufen lassen. Bauen Sie dann den Bach in Form aneinandergereihter Kolke, die durch einzelne Stufen (Kaskaden) verbunden sind. So entleert sich dann praktisch eine Staustufe in die nächste. Gestalten Sie die Stufen aus dicken Kieselsteinen oder übereinander geschichteten Steinplatten. Ist Ihr Grundstück flach, müssen Sie zwangsläufig mit jedem Meter Bachlauf 1 bis 2 cm tiefer graben.
Mein Tip: Je größer die Teichoberfläche, desto mehr Wasser muß der Bachlauf nach starken Regenfällen aufnehmen. Wählen Sie für diesen Fall besser ein breites Bachbett.

Pfennigkraut und Gräser fassen diesen Bachlauf im Garten ein.

Mündung: Wenn der Bach als Wasserablauf dient, mündet er am besten in eine Sickergrube (→ PRAXIS Teich anlegen, Seite 16).
Ein Bach mit eigenem Wasserkreislauf endet in einem Auffangbecken, der Zisterne. Hier befindet sich auch die Wasserpumpe, die das aufgefangene Wasser durch eine Kunststoff-Wasserleitung an den Bachanfang zurückpumpt. Im Sommer kann sie Tag und Nacht durchlaufen. Im Herbst wird die Pumpe entfernt und eventuell vorhandene Fische in den winterfesten Teich (→ Seite 58) umgesetzt. Denken Sie auch daran, die Kunststoff-Wasserleitung zu entleeren! Im Frühjahr nehmen Sie den Bach wieder in Betrieb und lassen ihn nach Anschluß der Pumpe bis zum Herbst durch Ihren Garten laufen.
Uferbefestigung: Besonders bei Bachbiegungen ist es wichtig, das Ufer zu befestigen, da dort der Bodengrund leicht weggespült wird; das gilt jedoch nur für ein Bachbett, das mit Folie ausgekleidet ist. Gut geeignet zum Befestigen sind Bruchsteine und dicke Flußkiesel.

Abdichtung des Bachs

Wenn Sie den Bachlauf lediglich als »Entwässerungsrinne« für Ihren Teich ansehen, müssen Sie den Bach nicht abdichten. Sie nehmen dann in Kauf, daß er während Trockenperioden trocken bleibt. Bei Regen versickert ein geringer Teil des Wassers im Erdreich des Bachbetts. Die Auskleidung des Bachbettes mit einer Grasnarbe verhindert, daß das Wasser Erde abschwemmt.
Soll Ihr Bach über längere Zeit hinweg Wasser halten, müssen Sie ihn abdichten, am besten mit Teichfolie. Bei langen Bachläufen müssen die Folienbahnen verklebt werden. Die Anlage eines Bachlaufs mit Folie finden Sie auf den Seiten 22 und 26 beschrieben.

Füllmaterial

Ist das Bachbett gegraben und haben Sie es – je nach Wunsch – abgedichtet, entsteht die Frage, womit Sie das Bachbett bedecken. »Blanke« Erde bei einem nicht abgedichteten Bach wird durch das Wasser abgeschwemmt und sieht nicht schön aus. »Blanke« Folie im Bachbett bei einem abgedichteten Bach bewirkt, daß das Wasser einfach durchrauscht. Das Füllmaterial hängt davon ab, ob Ihr Bach nur gelegentlich Wasser führt, ob er laufend unter Wasser steht oder ob er gar permanent mit Hilfe einer Wasserpumpe durchströmt wird.

Der Bach führt nur gelegentlich Wasser: In diesem Fall kleiden Sie das Bachbett mit Grassoden aus, die mindestens 5 cm dick sind. Sie verwachsen dann mit dem Untergrund und geben der Erde einen stabilen Halt.
Bachteile, die laufend unter Wasser stehen: Bestimmte Teile des Bachs, beispielsweise die Kolke, stehen dauernd oder einige Monate des Jahres unter Wasser, wenn sie mit Folie abgedichtet sind. Hier ist es ratsam, eine 20 cm hohe Schicht Flußsand einzubringen. Partien zwischen den Kolken, die nur gelegentlich überflutet werden, sollten Sie mit Rasensoden auskleiden. Sehr eng mit Folie ausgekleidete Bachrinnen werden mit großen Kieselsteinen (Durchmesser 2 bis 5 cm) ausgelegt oder erhalten keinen Belag. Die Folie wird an diesen Stellen sehr schnell von den Gräsern am Bachrand so überwachsen, daß nichts mehr von ihr zu sehen ist.
Der Bach wird laufend durchströmt: Wenn Sie Ihren Bach mit einem eigenen Wasserkreislauf anlegen, wird er ständig von Wasser durchströmt. Leichtes Füllmaterial wie Sand oder Erdreich würde von dem Wasser mitgerissen und wäre erst am unteren Ende des Bachs wiederzufinden. Deshalb das Bachbett mit großen Kieselsteinen (Durchmesser 2 bis 5 cm) auskleiden.

Stufenförmig angelegtes Bachbett, zur Verlangsamung der Strömung .

Pflanzen für den Bach

Bachrand und Bachbett bieten vielen einheimischen Pflanzen einen geeigneten Lebensraum. Je nach Beschaffenheit des Bachrands – ob trocken, feucht oder sumpfig – können Sie die jeweilige Pflanzenart direkt in das Erdreich setzen. Wählen Sie unter den auf Seite 32 genannten Pflanzenarten in der Liste »Pflanzen für die Randzone« aus. Diese Pflanzen gelten auch für die Bepflanzung eines Bachbettes, das nur gelegentlich Wasser führt und in Vertiefungen nur über wenige Tage hinweg Wasser hält. Bachteile, die laufend unter Wasser stehen, bepflanzen Sie mit Gewächsen aus der Liste »Pflanzen für die Sumpf- und Flachwasserzone« (→ Seite 31). Hierzu gehören zum Beispiel auch die Sumpf-dotterblume *(Caltha palustris)*, das Pfennigkraut *(Lysimachia nummularia)* oder das Bach-bungen-Ehrenpreis *(Veronica beccabunga)*, das leuchtend-blaue Polster bildet.

Praxis:
Bach anlegen

Damit der Bach im Garten lange Zeit Freude bereitet, muß er sorgfältig geplant und angelegt werden.
Und so geht's:
• Bachlauf mit Hilfe einer langen Schnur oder eines Gartenschlauchs festlegen.
• Bachbreite mit Holzpflöcken markieren.
• Mit dem Spaten das Bachbett ins Erdreich (→ Wohin mit dem Aushub?, Seite 12) graben. Anschließend mit einem Gartenschlauch langsam Wasser am oberen Ende des Bachs in das Bachbett einfließen lassen und den Verlauf prüfen.

Abdichtung des Baches

Der Bach als Wasserablauf muß nicht abgedichtet werden. Er wird mit etwa 5 cm dicken Grassoden ausgekleidet.
Ein Bach mit eigenem Wasserkreislauf und Bachteile, die ständig unter Wasser stehen sollen, müssen abgedichtet werden. Folienbedarf: Eine Breite von 1 bis 1,2 cm ist ausreichend. Die Folienlänge messen Sie mit einem langen Gartenschlauch oder einer Schnur aus. Lange Bachläufe werden an den Nahtstellen mit Quellschweißmittel (→ Abdichten des Teiches, Seite 12) verklebt.

Bach mit eigenem Wasserkreislauf
Zeichnung 1

Der Bachlauf beginnt mit einer Verbindung zum Naturteich. Der Teich selbst bleibt unberührt. Die »Quelle« des Bachs liegt unterhalb des Teichrandes. Von hier aus fließt das Wasser durch das Bachbett. Dann läuft das Wasser in ein Auffangbecken, die sogenannte Zisterne. Die Zisterne sollte etwa 70 cm tief sein und wird ebenfalls mit Teichfolie ausgekleidet. Zum Auffangen

1   Der Bachlauf hat seine Quelle unterhalb des Teiches. Er verläuft über einige Kolke, bis er in die Zisterne überläuft.

des Wassers eignet sich auch eine Wanne aus ungiftigem Kunststoff, die in die Erde eingegraben wird. Die Zisterne muß mit einem Gitter abgedeckt sein, damit niemand hineinfallen kann. Das Fassungsvermögen der Zisterne sollte mindestens dem Zweifachen der Förderleistung der Pumpe entsprechen (Beispiel: Förderleistung der Pumpe 500 l/Std. = 1000 l Zisternenvolumen).

Pumpe
Zeichnung 2

In der Zisterne befindet sich die Pumpe. Sie pumpt das Wasser durch eine in der Erde vergrabene Kunststoff-Leitung zur »Quelle«. Mit einem Steinaufbau aus Kieselsteinen und Natursteinplatten läßt sich das Leitungsende geschickt verkleiden.
Mein Tip: Sie können auch eine Klein-Klär-anlage als Zisterne zum Auffangen von Wasser (Bachwasser/ Regenwasser) einbauen. So wird das Wasser

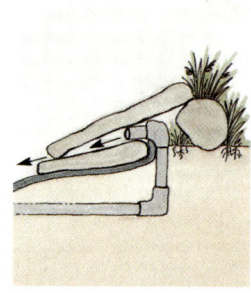

2   Mit einer Pumpe wird das Wasser zur Quelle zurückbefördert.

geklärt und setzt sich mitgeführter Sand in der Anlage ab. Eine Beschädigung der Pumpe durch Sand wird dann völlig ausgeschlossen. Manche Kommunen fördern das Auffangen und Versickern von Regenwasser. Sie beteiligen sich finanziell am Bau von Tanks und Klein-Kläranlagen. Erkundigen Sie sich bei Ihrer Kommune.

Teichfolie verlegen
Zeichnung 3

Ein Verkleben der Folie am Bachanfang ist unnötig. Es genügt, die Bachfolie etwa 20 cm weit unter die Teichfolie zu schieben. Der Bachlauf muß bereits an dieser Stelle ein Gefälle (etwa 10°) aufweisen, damit das Wasser auch wirklich fließt und sich nicht an der undichten Nahtstelle staut.

Bach mit geringer Wassertiefe
Zeichnung 4

Legen Sie das Bachbett mit Folie aus und verteilen Sie darauf eine Schicht Kieselsteine

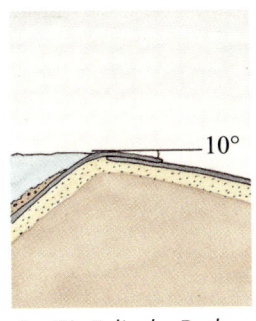

3   Die Folie des Bachlaufs 20 cm unter die Teichfolie schieben.

(Durchmesser 2 bis 5 cm). Schneiden Sie die aufwärts gebogene Folie am Bachrand einfach ab. Die Folienränder können Sie mit Steinen oder Wurzeln unsichtbar machen. Sie werden außerdem schnell von Gras und anderen Pflanzen überwuchert.

Bach mit Sumpfbeet
Zeichnung 5

An einem Bach, der fortwährend Wasser führt, können Sie kleine Sumpfzonen (Wasserhöhe 0 bis 5 cm) einrichten. Kleiden Sie Bachbett und Sumpfzone mit Folie aus. Bringen Sie dann das Füllmaterial ein. In das

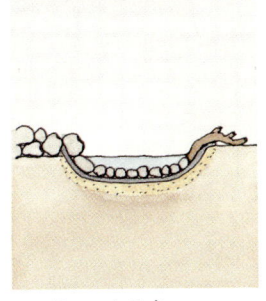

4   Das mit Folie ausgekleidete Bachbett erhält eine Schicht Kieselsteine.

Bachbett kommt eine Schicht kleinerer Kiesel, die mit größeren Kieselsteinen abgedeckt wird. Die Sumpfzone am Bachrand wird mit Bausand aufgefüllt.

»Kolk« anlegen
Zeichnung 6

Ein Kolk ist ein verbreiterter Bachabschnitt, der etwa ebenso tief wie breit ist. Soll er stets Wasser führen, müssen Sie ihn mit Folie auskleiden. Haben Sie nicht das gesamte Bachbett mit Folie ausgekleidet, genügt es, die Folie als Übergang zum flachen und schmaleren Bachbett etwa 20 cm überlappen zu lassen. Sie können

5   Den Bach mit Sumpfbeet am Rand mit Bausand auffüllen.

die Folie dabei in Falten legen und mit ein paar Steinen beschweren. Der Boden eines Kolks besteht aus einer jeweils etwa 10 cm hohen Sand- und Kiesschicht (Durchmesser 2 bis 5 cm). Er kann Amphibien als Ablaichplatz dienen und lockt Vögel an.

6   Der Kolk ist ein verbreiterter Bachabschnitt.

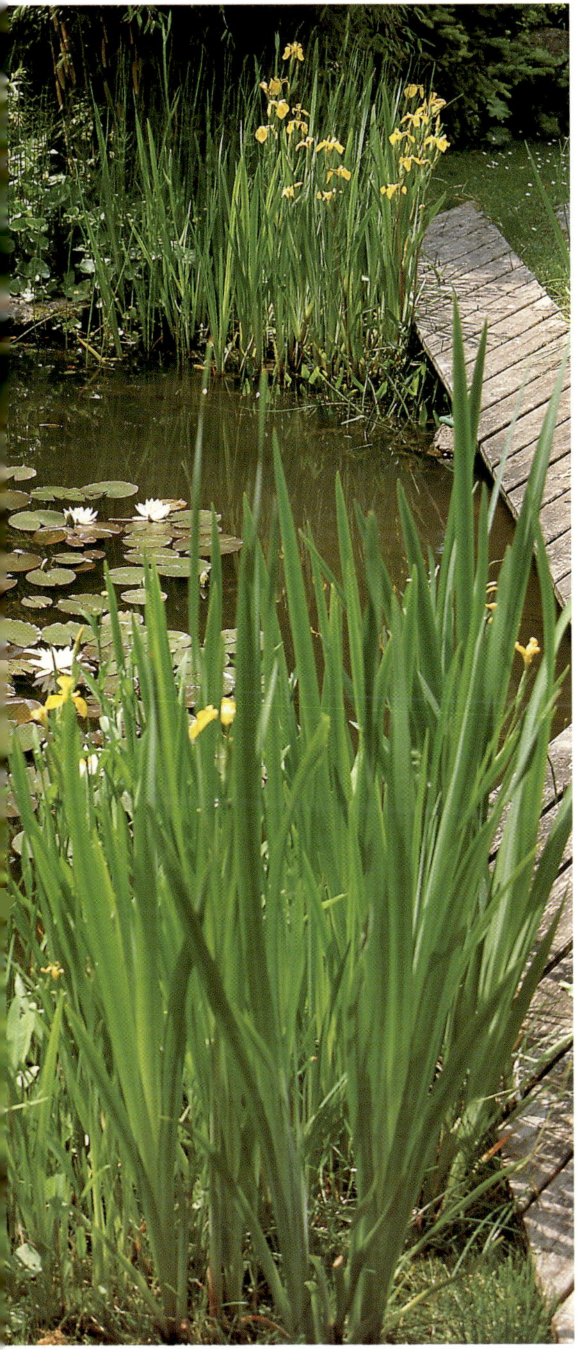

Kaufen, Bepflanzen, Ansiedeln

Pflanzen und Tiere

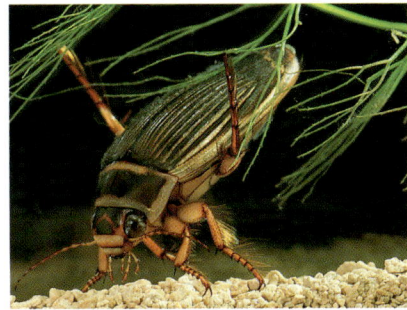

Vielen heimischen Pflanzen- und Tierarten, die draußen in der Natur bereits selten geworden sind, können Sie in Ihrem Naturteich einen Lebensraum schaffen. Auf den Teichrosenblättern sonnen sich Frösche, Schmetterlinge suchen in den Blüten nach Nahrung – dieses malerische Bild kann mit einem Naturteich im Garten Wirklichkeit werden.

Foto oben: Der Gelbrandkäfer stellt sich von selbst im Naturteich ein.
Foto links: Ein naturnaher Teich, bedeckt mit Seerosen und umstanden von gelben und blauen Schwertlilien. Ein interessantes Gestaltungselement sind die Natursteinbrocken, mit denen die Ufer befestigt sind.

Heimische Pflanzenarten

Zu einem richtigen Naturteich gehören einheimische Pflanzenarten. Exoten haben hier nichts verloren. Mit heimischen Pflanzen bieten Sie auch den heimischen Tierarten eine Lebensgrundlage, denn diese sind an die Pflanzen ihrer Umgebung angepaßt. Sie ernähren sich von Ihnen und benötigen sie zur Fortpflanzung.

Tips zum Pflanzenkauf

Einheimische Pflanzen bekommen Sie im Gartenfachhandel, in Gartencentern, speziellen Wassergärtnereien oder per Versandhandel.
Hinweis: Vielleicht denken Sie, das Naheliegendste ist, selbst in der Natur nach geeigneten Pflanzen zu suchen. Davor möchte ich Sie warnen. Die meisten Arten stehen unter Naturschutz. Nicht einmal die Ernte von Samen dieser Pflanzen ist erlaubt. Sie würden mit dem Gesetz in Konflikt kommen.

Gesunde Pflanzen erkennen

Gleichgültig in welcher Form die Pflanze angeboten wird, ob als Wurzelabschnitt wie etwa die Seerose, als Jungpflanze mit Blättern und Wurzeln oder als Sproßabschnitt wie zum

Pflanzen für die Freiwasserzone

In diese Teichregion gehören Schwimmblattpflanzen, Schwimmpflanzen und Unterwasserpflanzen. Schwimmblattpflanzen wurzeln im Bodengrund, ihre Blätter und Blüten schwimmen auf der Wasseroberfläche. Schwimmpflanzen haben keine Bodenwurzeln und schwimmen auf dem Wasser. Unterwasserpflanzen führen dem Teich Sauerstoff zu und sind daher unentbehrlich.
Froschbiß *(Hydrocharis morsus-ranae)*, Schwimmpflanze, ○, blüht VI-VIII, weiß, wächst überall im Teich.
Krebsschere *(Stratiotes aloides)*, ○, blüht V-VII, weiß, Schwimmpflanze, Lebensbereich ab 20 cm Wassertiefe.
Schwimmendes Laichkraut *(Potamogeton natans)*, Schwimmpflanze, ○ – ◑, blüht VI-VIII, grüne Blütenstände, Lebensbereich ab 40 cm Wassertiefe, auch Bachlauf.
Wassernuß *(Trapa natans)*, Schwimmblattpflanze, ○ – ◑,

blüht VI-VII, weiß, Lebensbereich 40-150 cm Wassertiefe.
Seerose, einheimische *(Nymphaea alba)*, Schwimmblattpflanze, blüht VI-IX, weiß, Lebensbereich ab 70 cm Wassertiefe.
Tausendblatt *(Myriophyllum spicatum)*, Unterwasserpflanze, blüht VI-VIII, rosa, Lebensbereich etwa 1 m Wassertiefe, gedeiht auch im Flachwasser.
Teichrose *(Nuphar lutea)*, Schwimmblattpflanze, ◑, blüht VI-VIII, gelb, Lebensbereich ab 80 cm Wassertiefe.
Wasserlinse *(Lemna minor)*, Schwimmpflanze, ○ – ◑, blüht nicht, wächst überall im Teich, im Sommer regelmäßig abfischen.
Wasserpest *(Elodea canadensis)*, Unterwasserpflanze, blüht V-IX, blüht bei uns meist nicht, Lebensbereich etwa 1 m Wassertiefe.

Erläuterung der Symbole
→ Seite 31

Beispiel die Wasserpest, gesunde Pflanzen erkennen Sie folgendermaßen:
• Die Pflanze darf weder an den Wurzeln noch an anderen Stellen Verletzungen haben.

• Sie sollte keine fauligen Stellen aufweisen.
• Wenn Blätter vorhanden sind, sollten sie grün sein, ohne gelbe oder braune Ränder. Ausnahme: Manche Pflanzen ent-

Die Pflanzenwelt

wickeln als Jungpflanzen eher rötliche Blätter, die sich erst später grün färben.

Wie viele Pflanzen kaufen?

Für eine Erstbepflanzung Ihres Naturteichs sollten Sie am Anfang nicht zuviel des Guten tun. Innerhalb von 2 bis 3 Jahren haben sich die einzelnen Arten so in Ihrem Teich und an seinen Ufern ausgebreitet, daß Sie Mühe haben, die Pracht in Grenzen zu halten. Außerdem wirkt ein Naturteich »natürlicher«, wenn Sie sich auf wenige Pflanzenarten beschränken. Als Faustregel gilt: Bepflanzen Sie die einzelnen Zonen des Teichs unterschiedlich dicht.
• Randzone: 6 bis 8 kleinere Pflanzen pro qm, größere Pflanzen 2 bis 3.
• Sumpfzone: 4 bis 6 Pflanzen pro qm.
• Freiwasserzone: 2 bis 3 Unterwasserpflanzen pro qm und je nach Teichgröße, zum Beispiel bei 10 m Oberfläche, 3 Seerosen.
Mein Tip: Sollten die Setzlinge wider Erwarten in Ihrem Teich kümmern, überprüfen sie noch einmal die Ansprüche der jeweiligen Pflanzenart. Vielleicht stimmt der Standort nicht oder die Wasserqualität läßt zu wünschen übrig.

Pflanzen für die Sumpf- und Flachwasserzone

In diese Teichregion gehören Wasser- und Sumpfpflanzen, die einen Wasserstand von 5-30 cm über der Erde oder dem Korbrand benötigen.

Sumpf-Blutauge *(Potentilla palustris)*, ○ – ◑, blüht VI-VII, blutrot, 15-30 cm hoch, Lebensbereich Sumpfzonenrand.
Mädesüß *(Filipendula ulmaria)*, ○ – ◑, blüht VI-VIII, klein, weiß, 50-150 cm hoch, Lebensbereich 0-3 cm Wassertiefe.
Gemeiner Wasserdost *(Eupatorium cannabinum)*, ○ – ◑, blüht VII-VIII, rötlich, 50-150 cm hoch, Lebensbereich Sumpfzonenrand.
Breitblättriger Rohrkolben *(Typha latifolia)*, ○ – ◑, blüht VI-VIII, kolbenförmig, 1-2 m hoch, 0-20 cm Wassertiefe.
Tannenwedel *(Hippuris vulgaris)*, ○ – ●, blüht VI-VIII, grün, Lebensbereich 5-20 cm Wassertiefe.
Schwanenblume *(Butomus umbellatus)*, ○ – ●, blüht VI-VIII, weißrosa, bis 120 cm hoch, Lebensbereich 0-10 cm Wassertiefe.
Pfeilkraut *(Sagittaria sagittifolia)*, ○ – ◑, blüht VI-VIII, weiß, 20-100 cm hoch, Lebensbereich 0-20 cm Wassertiefe.
Kalmus *(Acorus calamus)*, ○ – ◑, blüht V-VII, grün, 50-120 cm hoch, Lebensbereich 0-10 cm Wassertiefe.
Fieberklee *(Menyanthes trifoliata)*, ○ – ◑, blüht V-VI, weiß-rosa, bis 35 cm hoch, Lebensbereich 0-10 cm Wassertiefe.
Blutweiderich *(Lythrum salicaria)*, ○ – ◑, blüht VI-IX, rot-rosa, 50-120 cm hoch, Lebensbereich 0-15 cm Wassertiefe.
Froschlöffel *(Alisma plantago-aquatica)*, ○ – ◑, blüht VII-IX, weiß, 50-70 cm hoch, Lebensbereich 0-20 cm Wassertiefe.

Erläuterung der Symbole
I-XII = Blütezeit in Monaten; ○ = Sonne; ◑ = Halbschatten; ● = Schatten.

Die beste Pflanzzeit

Bepflanzen Sie den Naturteich Ende April und im Mai mit Sumpf- und Wasserpflanzen. Wärmeres Wasser begünstigt die Sproß- und Wurzelbildung. Pflanzen für den Randbereich setzen Sie am besten im zeitigen Frühjahr (Genaueres dazu → PRAXIS Bepflanzung, Seite 34/35).

Pflanzen für die Randzone

Gräser, Seggen, Binsen

Schlank-Segge *(Carex gracilis)*, ○ – ◑, blüht V-VI, gelblich, 40-50 cm hoch, Lebensbereich 0-30 cm Wassertiefe, in nährstoffreiche Gewässerpflanzen.

Scheinzypergras-Segge *(Carex pseudocyperus)*, ○ – ◑, blüht VI-VII, rötlich, 40-90 cm hoch, Lebensbereich 0-30 cm Wassertiefe, in nährstoffreiches Gewässer.

Steif-Segge *(Carex elata)*, ◑ – ○, blüht IV-V, rötlich, 50-120 cm hoch, Lebensbereich 0-30 cm Wassertiefe, in nährstoffreiches Gewässer. Zur Uferbefestigung und zum Nährstoffentzug belasteter Gewässer.

Hängende Segge *(Carex pendula)*, ◑ – ○, blüht V-VII, bräunlich, 50-150 cm hoch, im trockenen Bereich pflanzen.

Gewöhnliche Sumpfbinse *(Eleocharis palustris)*, ○ – ◑, blüht V-VIII, gelblich, 10-80 cm hoch, in nährstoffreichen, sumpfigen Boden pflanzen. Wächst in Büscheln.

Gewöhnliche Teichbinse *(Scirpus lacustris)*, ○ – ◑, blüht VI-VII, bräunlich, 1-4 m hoch, Lebensbereich 30-50 cm Wassertiefe, in nährstoffreichem Wasser.

Scheidiges Wollgras *(Eriophorum vaginatum)*, ○ – ◑, blüht IV-V, gelblich, 30-50 cm hoch, Lebensbereich 0-15 cm Wassertiefe.

Wasser-Schwaden *(Glyzeria maxima)*, ○ – ◑, blüht VII-VIII, gelblich, 80-200 cm hoch, 0-20 cm Wassertiefe.

Stauden

Akeleiblättrige Wiesenraute *(Thalictrum aquilegifolium)*, ◑ – ●, blüht V-VII, rot, 40-120 cm hoch, im feuchten Bereich pflanzen.

Gewöhnliche Pestwurz *(Petasites hybridus)*, ○ – ◑, blüht III-V, rötlich, bis 100 cm hoch, in feuchten Bereich.

Buschwindröschen *(Anemone nemorosa)*, ○, blüht III-IV, 10-20 cm hoch, im trockenen Bereich pflanzen.

Gelbes Windröschen *(Anemone ranunculoides)*, ◑, blüht IV-V, gelb, 15 cm hoch, im trockenen Bereich pflanzen.

Blutweiderich *(Lythrum salicaria)*, ○ – ◑, blüht VI-IX, purpurrot, 50-120 cm hoch, im trockenen und feuchten Bereich einpflanzen.

Gewöhnlicher Gilbweiderich *(Lysimachia vulgaris)*, ○ – ◑ blüht VI-VIII, gelb, 60-150 cm hoch, im trockenen Bereich einpflanzen.

Erläuterung der Symbole
→ Seite 31

Mein Tip: Wasserpflanzen können auch noch im Sommer in den Teich gepflanzt werden. Allerdings fällt dann die Pracht in der ersten Wachstumsperiode, die bis zum Herbst geht, nicht so üppig aus, wie vielleicht erhofft.

Der richtige Pflanzboden

Gut geeignet ist ungewaschener Bausand. Sollten Sie nur Flußsand bekommen, mischen Sie ihn mit Lehm oder lehmhaltigem Rohboden, zum Beispiel vom Teichaushub. Die Mischung: 80 Prozent Flußsand, 20 Prozent lehmhaltiger Rohboden (Teichaushub). Berechnung des Teichbodenbedarfs: Durchmesser des Teichs mit einer locker über den Boden verlaufenden Schnur abmessen. Durchmesser halbieren, dann erhalten Sie den Radius. Radius mit sich selbst multiplizieren. Anschließend Ergebnis mit 3 multiplizieren. Nun kennen Sie die Grundfläche des Teichs. Dieses Ergebnis dann mit der erforderlichen Schüttstärke des Bodens multiplizieren. Sie beträgt in etwa 30 cm (30 cm entsprechen etwa 25 cm verdichtetem Teichboden).
Beispiel: Durchmesser = 4 m, Radius = 2 m; 30 cm Bodenschüttung. 2 x 2 x 3 = 12 qm Grundfläche.
12 x 0,3 = 3,6 m³ Bodenmaterial für den Teichboden.

Sumpfdotterblume.

Schwanenblume.

Tannenwedel.

Pfauenauge auf Wasserdost.

Rohrkolben.

Wasserknöterich.

Blühende Vielfalt

Erst durch die vielen Wasser- und Uferrandpflanzen gewinnt ein Teich Gestalt. Die verschiedensten Wuchsformen vereinen sich zu einer bunten Gesellschaft und prunken mit ihren Blüten. Teichpflanzen sind aber nicht nur etwas fürs Auge, sondern bieten auch Tieren einen Lebensraum und sorgen für eine gute Wasserqualität.

Praxis: Bepflanzung

Pflanzzonen
Zeichnung 1

Als Randzone wird der Bereich in der unmittelbaren Umgebung des Teichs bezeichnet. Sie liegt außerhalb der Folie und muß unter Umständen genauso gegossen werden wie der übrige Garten. Hier gedeihen Busch-Windröschen (*Anemone nemorosa*), Gilbweiderich (*Lysimachia vulgaris*) oder Strandroggen (*Elymus arenarius*).
Die Sumpfzone hat eine Wasserhöhe von 0 bis 5 cm. Pflanzen, die hier gedeihen, vertragen es, wenn der Wasserstand

vorübergehend sinkt und die Wurzeln nicht mehr überspült werden. Eine gute Restfeuchtigkeit muß allerdings immer gewährleistet sein. Hier wachsen Pflanzen wie die Gelbe Schwertlilie (*Iris pseudacorus*), Blutweiderich (*Lythrum salicaria*) oder das Pfennigkraut (*Lysimachia nummularia*).
Die Uferzone ist der Teichbereich mit einer Wassertiefe von 5 bis 30 cm. Es gedeihen Pflanzen, die mit ihren Blüten und Blättern über die Wasseroberfläche emporragen, jedoch immer im Was-

ser stehen müssen. Das sind beispielsweise Kalmus (*Acorus calamus*), Schwanenblume (*Butomus umbellatus*), Pfeilkraut (*Sagittaria sagittifolia*) oder der Wasserknöterich (*Polygonum amphibium*).
Als Freiwasserzone wird der tiefste Bereich des Naturteichs ab einer Minimaltiefe von 30 cm bis zu einer Maximaltiefe von 2 m bezeichnet. Hier gedeihen Schwimmblatt- und Wasserpflanzen wie zum Beispiel Krebsschere (*Stratiotes aloides*), Wassernuß (*Trapa natans*), Weiße Seerose (*Nymphaea alba*) oder Wasserschlauch (*Utricularia vulgaris*).

2 Eine Pflanzwanne hält den Rohrkolbenbestand in Grenzen.

Pflanzwanne für Rohrkolben
Zeichnung 2

Rohrkolben (*Typha-*Arten*)* können Sie sowohl in der Uferzone als auch in der Sumpfzone anpflanzen. Rohrkolben vermehren sich rasch und breiten sich schnell aus. Eine Pflanzwanne am Teichrand verhindert ein Ausbreiten.

Einkauf

Gartenteichpflanzen werden verschieden angeboten. Lose Pflanzen stecken oft in flachen Wasserbecken. Ihre Wurzeln liegen frei. Pflanzen der Uferzone sind häufig in Container gepflanzt.

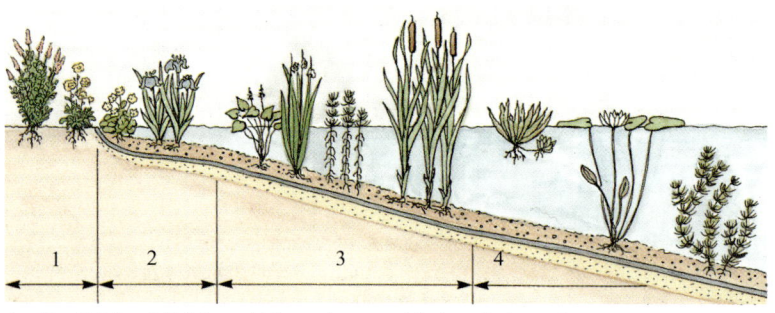

1 Der Teich mit Teichrand bietet vier verschiedene Lebensräume: Randzone (1), Sumpfzone (2), Uferzone (3), Freiwasserzone (4).

Mein Tip: Lose Pflanzen mit freiliegenden Wurzeln naß in Zeitungspapier einwickeln. So können sie bis zu 24 Stunden unbeschadet gelagert werden.

Pflanzen vorbereiten

Pflanzen mit freiliegenden Wurzeln: Mit einem scharfen Messer alle langen Wurzelteile abschneiden. Entfernen Sie auch geschädigte Teile, bräunlich angelaufene und matschige Wurzeln (gesunde Wurzeln sind weiß).
Containerpflanzen vorbereiten: Vor dem Einsetzen in den Teich vorsichtig den Container entfernen. Der Container eignet sich nicht als Pflanzgefäß. Die Pflanze würde darin nach kurzer Zeit ersticken und faulen.

Einsetzen von Pflanzen

Unterwasserpflanzen: Den Teich so weit mit Wasser füllen, daß Sie den Pflanzenbereich mit Gummistiefeln noch gut betreten können. Heben Sie eine kleine

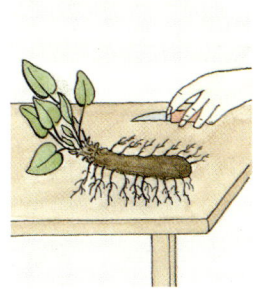

3 Rhizome vor dem Einpflanzen mit scharfem Messer beschneiden.

Pflanzmulde aus. Setzen Sie die Pflanze so in die Mulde, daß sie ihrer natürlichen Wuchsrichtung gemäß im Sand steckt. Die Wurzeln dürfen nicht aufgebogen sein. Mit einer Hand den Wurzelbereich der Pflanze halten und mit der anderen den Teichboden in die Mulde zurückschieben.
Freischwimmende Pflanzen: Beispielsweise die Wasserpest (*Elodea*-Arten) wird in der Regel ohne Wurzeln verkauft. Hier genügt es, ein Loch mit dem Zeigefinger in den Sand zu bohren, und das von Blättern befreite Stielende etwa 5 cm tief einzugraben.
Sumpfpflanzen: Nachdem eine etwa 25 cm

4 Das Rhizom waagrecht in den Boden einpflanzen.

hohe Sandschicht in das Sumpfbeet eingebracht wurde, verfahren Sie ebenso wie für die Unterwasserpflanzen beschrieben.

See- und Teichrosen einsetzen

Zeichnungen 3 und 4

Der Wurzelbereich dieser Pflanzen heißt Rhizom. Kürzen Sie vor dem Einpflanzen mit einem scharfen Messer seine Wurzelhaare. Entfernen Sie dabei auch die Faulstellen am Rhizom. Das Rhizom wird waagrecht in die Pflanzmulde eingepflanzt. Achten Sie darauf, daß die jungen Triebe bereits zur Wasseroberfläche zeigen.

Mein Tip: Schnittstellen am Rhizom vor dem Einpflanzen mit Holzkohlepulver abdecken, um das Abheilen zu begünstigen.

Pflanzenpflege

Die Pflege der Pflanzen beschränkt sich auf wenige Handgriffe im Herbst. Wenn Sie den Teich winterfest machen (→ Teich ausräumen, Seite 58) werden nur zu stark wuchernde Rhizome wie die der See- und Teichrosen oder Rohrkolben zurückgeschnitten.
Im Herbst sterben die meisten Pflanzen ab. Stengel von Schilf oder Rohrkolben werden nicht abgeschnitten, denn sie dienen vielen Kleintieren als Überwinterungsquartier. Außerdem vehindern sie, daß der Teich völlig zufriert.
Hinweis: Düngen Sie auf keinen Fall Pflanzen im oder am Rand des Naturteichs. Für die Ernährung reichen die Nährstoffe, die sowieso im Wasser und im Bodengrund enthalten sind, vollkommen aus.

Tiere im und am Teich

Tiere gehören zum Naturteich genauso wie die Pflanzen. Zusammen mit ihnen bilden sie eine Lebensgemeinschaft. Hier ein paar Tips, wie das Ansiedeln leichter gelingt.

Eine hervorragende Starthilfe geben Sie Ihrem Teich mit einem Eimer voll Tümpelwasser aus der Natur. Mit dem Wasser gelangt jede Menge Plankton, tierische und pflanzliche Organismen (→ Seite 46/48), in Ihren Naturteich. Durch das Tümpelwasser beschleunigen Sie nur den Anfang dieser Entwicklung. Zum Erreichen eines biologischen Gleichgewichts (→ Seite 54) bedarf es mehrerer Jahre. Wenn Sie kein Naturgewässer in der Nähe haben, findet sich das wichtige Plankton mit der Zeit auch ganz von selbst ein (→ Die natürliche Entwicklung der Tier- und Pflanzenwelt, Seite 8).

Hinweis: Wenn Sie einen Eimer Tümpelwasser in Ihren Naturteich geben, sollte Ihr Teichwasser mindestens 1 Woche alt sein, da frisches Leitungswasser oder zu weiches Regenwasser abtötend auf viele Organismen wirkt.

Die Tierwelt des Naturteichs

Ein gut entwickeltes Plankton ist die Voraussetzung, daß sich auch größere Tiere im Teich entwickeln.

Mücken sind als erste mit dem bloßen Auge zu beobachten. Doch keine Sorge, sie werden nicht zur Plage, da sie nur im frischen, »unbewohnten« Wasser wie in Pfützen, Regentonnen oder eben im frischen Teichwasser ihre Eier ablegen. Ihr Instinkt hindert sie, das in von Amphibien und Fischen bewohnten »alten« Gewässern zu tun, wo ihre Brut gefressen würde. Übrigens, nicht alle Mücken stechen. Die großen Schnaken (*Tipulidae*) und die Stelzmücken (*Limoniidae*) sind harmlos. Sie gleichen zwar auf den ersten Blick riesigen Stechmücken, saugen jedoch lediglich Blütensäfte, während ihre Larven im Schlamm des Teichs nach Nahrung graben. Ebenso harmlos sind Zuckmücken (*Chironomidae*) und Büschelmücken (*Corethra*). Die blutrot schimmernden Larven der Zuckmücken leben im und vom Mulm (→ Seite 54). Die Larven der Büschelmücke schweben glasartig durchsichtig waagrecht im Wasser. Gnitzen (*Ceratopogonidae*) und Stechmücken (*Culicidae*) stechen und saugen Blut.

Wasserläufer können fliegen und finden sich nach kurzer Zeit am Teich ein. Sie erbeuten kleine Insekten, die auf das Wasser geweht wurden, und frisch geschlüpfte Mücken.

Zu den Wasserläufern gehören Wasserschneider (*Gerridae*) und Teichläufer (*Hydrometridae, Veliidae*).

Wasserwanzen schwimmen im Gegensatz zu den Wasserläufern unter Wasser und fangen dort kleine Wassertiere aller Art wie Mückenlarven, Kaulquappen und Fischlarven. Einige Arten der Wasserwanzen besitzen am Hinterleib ein Atemrohr, mit dem sie an der Wasseroberfläche Luft aufnehmen. Manche stechen auch Menschen mit ihrem kräftigen Stech- und Saugrüssel. Zu den Wasserwanzen gehören Wasserskorpione (*Nepidae*), Rückenschwimmer (*Notonectidae*, → Foto Seite 53) und Ruderwanzen (*Naucoridae*).

Wasserkäfer sind gute Flieger und kommen ebenfalls von selbst. Am spektakulärsten ist der Gelbrandkäfer, der ebenso wie seine unter Wasser lebende Larve sehr wehrhaft ist und ausgewachsene Kaulquappen sowie kleinere Fische erbeutet. Zu den Wasserkäfern gehören zahlreiche Familien. Die im Naturteich am häufigsten vertretenen sind neben dem Gelbrandkäfer der Wassertreter (*Haliplidae*), Wasserkäfer (*Hydrophilidae*) und der Taumelkäfer (*Gyrinidae*).

Krebstiere sind nicht nur die bekannten Arten wie Hummer, Langusten oder Krabben. Auch so winzige wie Wasserflöhe und Hüpferlinge gehören dazu.

Tiere am Teich

Der Bergmolch braucht im Sommer Schatten, aber zum Laichen ein besonntes Ufer.

Sie ernähren sich hauptsächlich von einzelligen Algen, während andere Arten Pflanzen und tote Tiere fressen. Zu den Krebstieren im Gartenteich gehören zum Beispiel Wasserflöhe (*Cladocera, Daphnia*), Ruderfüßer und Hüpferlinge (*Copepoda, Cyclops*), Muschelkrebse (*Ostracoda*), Wasserasseln (*Isopoda*) und Flohkrebse (*Amphiboda*).

<u>Libellen</u> sind wohl für jeden Teichbesitzer »die Krönung«. Sie jagen Mücken und Fliegen und legen ihre Eier in Pflanzenstengel unter Wasser ab; ihre Larven ernähren sich räuberisch von Kaulquappen und Jungfischen. Zum Schlüpfen klettern die Larven an den Pflanzenstengeln über die Wasseroberfläche empor.

Hinweis: Mancherorts ist die Libelle auch unter der Bezeichnung »Teufelsnadel« bekannt, obwohl sie weder sticht noch beißt. <u>Schmetterlinge</u> haben keinen direkten Bezug zum Gewässer, doch sie sind gern gesehene Gäste an den Blüten der Uferbepflanzung.

Gefiederte Freunde

Vögel kommen gerne zum Teich, wo sie in flachen Uferbereichen gefahrlos trinken und baden können (→ Vogeltränke, PRAXIS Naturschutz, Seite 43). Große Naturteiche werden gerne von Wildenten, meistens Stockenten, besucht. Dabei düngen sie das Wasser mit Kot mehr, als ihm gut tut. Auf der anderen Seite transportieren Wildenten in ihrem Gefieder den Laich von Fischen und Amphibien. Im Grunde ist nichts dagegen einzuwenden, wenn die Enten ein paar Mal bei Ihnen landen durften. Doch dann sollten Sie sie konsequent verscheuchen.

Frösche und Co.

Amphibien, also Frösche, Unken, Molche und ähnliche Tiere, haben es nur dann leicht, Ihren Teich selbständig zu erreichen, wenn Sie »naturnah« wohnen und keine dichte, großflächige Bebauung Ihr Grundstück von nahegelegenen Tümpeln, Seen, Bächen, Wäldern oder Feuchtwiesen trennt. Die natürliche Ansiedlung von Amphibien kann je nach Art mehrere Jahre nach Fertigstellung des Teichs dauern.

Amphibien künstlich ansiedeln?

Zu den Amphibien gehören alle Vierbeiner mit glatter oder warziger Haut ohne Schuppen und Schilder, und zwar die »schwanzlosen« Froschlurche (Frösche, Kröten, Unken) sowie die Schwanzlurche (Salamander und Molche). Haben Sie das Glück, naturnah zu wohnen, können Amphibien aus einem Umkreis von zwei bis drei Kilometern zu- und auch wieder abwandern. Künstlich angesiedelte Amphibien in Naturteichen, die in Ballungsgebieten liegen, von dicht befahrenen Straßen umgeben oder weit entfernt von geeigneten Lebensräumen sind, kommen beim Abwandern unweigerlich ums Leben. Hier sollte man auf eine künstliche Ansiedlung verzichten. Die Naturschutzbestimmungen für Amphibien sind sehr streng. Alle in Europa heimischen Amphibien und Reptilien stehen unter Naturschutz. Die Bundesartenschutzverordnung untersagt jegliche Entnahme aus der Natur. Selbst Amphibien oder Reptilien, die nachweislich in Menschenobhut aufgezogen wurden, dürfen ohne eine gesonderte Ausnahmegenehmigung der zuständigen Naturschutzbehörde nicht an- oder verkauft werden. **Hinweis:** Greifen Sie nie auf gebietsfremde Tierarten zurück, um sie in Ihrem Teich anzusiedeln. Für die Terrarienhaltung werden im Zoofachhandel beispielsweise Gelbbauchunken aus China oder Frösche und Kröten aus den USA angeboten. Wenn Sie diese Tiere in Ihren Teich einsetzen, können abwandernde Tiere großen artbiologischen Schaden anrichten.

»Das Froschurteil«

Immer wieder kommt es zu Streitigkeiten zwischen (Frosch-)Teichbesitzern und ruhebedürftigen Nachbarn. Dieser Zwist wird häufig vor dem Richter ausgetragen und ist bisher nach folgenden Gesichtspunkten entschieden worden: Sind die Frösche zugewandert, weil der Gartenteich in einem Feuchtgebiet liegt, in dem es ohnehin Frösche gibt, dürfen die Frösche quaken. Wurden die Frösche jedoch künstlich angesiedelt, weil es in der Umgebung nie Frösche gab, dann muß die »nächtliche Störquelle« beseitigt werden. Erkundigen Sie sich lieber vorher bei einem Rechtsanwalt oder bei der Naturschutzbehörde.

Amphibien im Garten

<u>Molche:</u> Der Teichmolch stellt keine besonderen Ansprüche an das Gewässer und seinen Landlebensraum. Berg- und Faden-

molch dagegen bevorzugen schattige Sommerquartiere und Laichgewässer, außer in höheren Lagen. Der Kammolch bewohnt sein Laichgewässer und dessen sumpfige Umgebung fast ganzjährig und benötigt einen Teich in sonniger Lage. Frösche und Kröten: Viel Sonne am Laichplatz und im Sommerquartier lieben Kreuzkröte, Geburtshelferkröte und Wechselkröte. Ebenfalls besonnte Teichufer, doch ein schattiges Sommerquartier locken Erdkröte, Springfrosch und Grasfrosch an Ihren Teich. Rot- und Gelbbauchunken sowie »Wasserfrosch« bewohnen ihre Laichgewässer und deren Umgebung ganzjährig und benötigen sonnige Teiche mit sumpfigen Uferbereichen. Für Laub- und Moorfrosch brauchen Sie in der Sumpfzone lichte, durchsonnte Rohrkolbenbestände oder besser einen breiten Gürtel aus Weidensträuchern.

Die Entwicklung von Amphibien

Vom Laich bis zum fertigen Frosch durchlaufen Amphibien verschiedene Entwicklungsphasen. Ich erläutere sie hier am Beispiel der Erdkröte. Die Erdkröte (*Bufo bufo*) ist die größte einheimische Krötenart. Das Männchen wird bis zu 8 cm lang, das Weibchen bis

Laubfrosch auf einer Irisblüte.

Wechselkröte.

Gelbbauchunke.

zu 13 cm. Anfang April legt das Weibchen seine Eier in Form einer Laichschnur (sie enthält ungefähr 6000 Eier) im Wasser ab und verspannt sie zwischen den Stengeln der Wasserpflanzen. Während des Ablaichens spritzt das Männchen seinen Samen über die Eier und befruchtet sie auf diese Weise. Nach etwa 8 Tagen schlüpfen aus den Eiern die Kaulquappen. Sie bleiben einige Tage an den Pflanzenstengeln hängen, bevor sie im Teich herumzuschwimmen beginnen (Länge: 7 bis 8 mm). Viele Kaulquappen werden Opfer anderer räuberisch lebender Tiere im Teich. Vier Wochen später hat sich bereits der Schwanz ausgebildet (Länge: 14 bis 16 mm). Die Kaulquappen atmen wie Fische mit Hilfe von Kiemen. Sie ernähren sich hauptsächlich von Algen. Im Laufe des Sommers findet die spannende Verwandlung der Kaulquappen statt. Bisher sind sie nur an ein Leben im Wasser angepaßt. Mit etwa 6 Wochen bilden sich Hinterbeine aus. Acht Wochen später kommen Vorderbeine mit je vier Zehen hervor. Der Schwanz bildet sich zurück. Auch die Kiemen verschwinden, und es bilden sich Lungen. Innerhalb von etwa 3 Monaten hat sich die Kaulquappe in eine Kröte verwandelt.

Bei den Stichlingen baut das Männchen das Nest und pflegt später das Gelege.

Fische im Naturteich

Einige wenige einheimische Fischarten eignen sich gut zum Einsetzen in einen Naturteich. Beachten Sie dabei folgende Punkte:
• Fischbesatz ist erst ab 15 qm Teichgröße sinnvoll. Das entspricht etwa einem Inhalt von 7 bis 9 Kubikmeter Wasser.
• Setzen Sie die Fische erst nach 1 bis 2 Jahren ein. Innerhalb dieses Zeitraums können Sie erst prüfen, welche durchschnittliche Wassertemperatur, Nährstoffreichtum und Wasserqualität Ihr Teich hat. Stimmen die Lebensansprüche der Fische damit nicht überein, werden die Fische bald krank und sterben. Welche Fischart Sie wählen müssen, erfahren Sie auf Seite 41.

• Sehen Sie in Ihrem Teich mehr ein Amphibienreservat, sollten Sie keine Fische einsetzen, da sie die Amphibienbrut fressen oder beschädigen.

Das Einsetzen der Fische

Alle empfohlenen Fische (→ Seite 41) sollten Sie im Zoofachgeschäft oder in Wasserpflanzengärtnereien kaufen.

Welche Fischarten eignen sich für den Naturteich?

Dreichstacheliger Stichling (*Gasterosteus aculeatus*) Familie: Stichlinge. Lebensraum: In verkrauteten Gewässern. Länge: Bis 11 cm. Nahrung: Eier und Larven von anderen Tieren. Fortpflanzung: Das Männchen baut ein »Nest« am Grund des Gewässers, in das das Weibchen seine Eier legt. Das Männchen besamt die Eier, vertreibt das Weibchen und pflegt das Gelege. Lebensansprüche: Das Männchen verhält sich während der Brutzeit gegen Rivalen und andere Fische äußerst aggressiv. Daher Stichlingsbestand im Teich unbedingt gering halten.

Moderlieschen (*Leucaspius delineatus*) Familie: Karpfenfische. Lebensraum: In Schwärmen in den verkrauteten Uferzonen von Flüssen, Flachlandseen, Teichen, Gräben und Wasserlöchern. Länge: Bis 12 cm. Nahrung: Kleintiere, Schwebalgen sowie Mücken, ihre Larven und andere Insekten. Fortpflanzung: Eier werden im April bis Juni in spiralförmigen Bändern an Pflanzen abgelegt und vom Männchen betreut. Lebensansprüche: Naturteiche mit dichten Wasserpflanzenbeständen.

Schwarmfische, darum mindestens 9 Moderlieschen einsetzen.

Ukelei (*Alburnus alburnis*) Familie: Karpfenfische. Lebensraum: Lebt in Schwärmen im klaren Gewässern. Länge: Bis 17 cm. Nahrung: Kleintiere, Schwebealgen sowie kleine Insekten. Fortpflanzung: Zwischen April und Juni an flachen kiesigen Ufern. Lebensansprüche: Klares (nährstoffarmes), sauerstoffreiches Wasser, vorzugsweise mit leichter Strömung. Wassertemperaturen (März bis Oktober) zwischen 14 und 18° C. Moderlieschen und Ukelei haben die gleichen Nahrungsansprüche. Achten Sie auf die Gesamtzahl der beiden Arten in Ihrem Teich.

Elritze (*Phoxinus phoxinus*) Familie: Karpfenfische. Lebensraum: Lebt in Schwärmen in kühlen Gewässern. Länge: Bis 14 cm. Nahrung: Krebstiere, Mückenlarven. Fortpflanzung: Zwischen April und Juli in sauberer, feinkiesiger Uferregion. Lebensansprüche: Schwarmfisch, daher etwa 10 Tiere einsetzen.

Die Entnahme von Fischen aus öffentlichen und privaten Gewässern ist nur mit der Genehmigung der zuständigen Behörde oder des Besitzers erlaubt.
Die Anzahl der Fische für einen Erstbesatz soll 7 bis 10 nicht überschreiten. Erfüllt der Teich die Lebensansprüche, vermehren sie sich ohnehin.
Zum Einsetzen werden die Fische in einem wassergefüllten Plastikbeutel transportiert, den Sie an einer schattigen Stelle in das Uferwasser Ihres Teichs legen. So kann sich die Temperatur innerhalb des Beutels an die des Teichs langsam anpassen. Nach etwa 15 Minuten entlassen Sie die Fische in den Teich.
Hinweis: Die beliebten Goldfische und Kois stammen aus Asien und sind so unersättlich, daß sie bald alle anderen Kleinlebewesen vernichtet haben. Für den Naturteich sind sie ungeeignet, ebenso wie Graskarpfen.

Im Naturteich füttern?

In einem Naturteich sollen sich die Fische selbst ernähren. Sie passen sich mit ihrer Fortpflanzungsrate dem Futterangebot an. Eine Fütterung bedeutet einen Eingriff in das natürliche Gleichgewicht des Teichs. Überschüssiges Futter und die Ausscheidungen der Fische düngen das Wasser zu stark und verschlechtern die Wasserqualität.

Praxis:
Naturschutz

Ein Naturteich im Garten kann ein wichtiger Beitrag zum Naturschutz sein. Allerdings steht er nicht allein, denn sinnvoll ist er nur dann, wenn er in eine möglichst »naturnahe« Gegend eingebettet ist. **Wichtig:** Natürlich sollen in einem Naturgarten keine giftigen Pflanzenschutzmittel eingesetzt werden. Hier ein paar Tips dazu:
• Verzichten Sie auf Ziergewächse aus fremden Ländern. Pflanzen Sie nur einheimische Gewächse in Ihrem Garten an.
• Lassen Sie zum Beispiel in einer Gartenekke Brennesseln wachsen als Futterpflanzen für die Raupen des Tagpfauenauges (*Inachis io*).
• Pflanzen Sie eine Blumenwiese mit Wildblumenarten als Bienenweide.
• Setzen Sie Obstbäume. Sie erhöhen damit das Nahrungsangebot für Singvögel.

• Lassen Sie Stauden im Winter als Überwinterungsplätze für viele Käfer- und Hautflüglerarten stehen.
• Verschiedene Tiere wie Laufkäfer und Igel nutzen liegengelassenes Laub und Zweige als Winterquartier.
• Mit Kletterpflanzen wie Efeu, Wildem Wein oder Blauregen begrünte Wände bieten Lebensraum für verschiedene Insektenarten und Spinnen.
• Viele Vogelarten, wie etwa das Rotkehlchen, ernähren sich von den Spinnen und Insekten im Grün der Hauswand.

1 *Nisthilfe für Erd-
hummeln.*

Nisthilfen
für Insekten
Zeichnung 2

Viele Bienen- und Wespenarten nehmen dankbar Nisthilfen an. Dafür eignet sich ein nicht behandelter Holzklotz aus Pappel, Fichte oder Weide, von Ziegelsteingröße an aufwärts. Bohren Sie in die Vorderseite des Klotzes mit Hilfe eines Holzbohrers verschieden tiefe (7 bis 12 cm) und verschieden dicke (Durchmesser 2 bis 5 mm) Löcher. Die Insekten legen ihre Eier in die Gänge und suchen dort auch Unterschlupf.
Zwischen den Bruchsteinen oder Natursteinplatten einer Trokkenmauer (→ PRAXIS Randgestaltung, Seite 20) können Sie gebündelte, aufgebohrte Schilfrohr-, Stroh- oder Bambushalme als Insekten-Nisthilfen anbieten. Schneiden Sie die Halme auf eine Länge von etwa 30 cm zurecht. Bündeln Sie die Halme mit Hilfe von dünnem Draht oder einer festen Schnur.
Hinweis: Mit den Nisthilfen locken Sie vor allem seltene Bienen-

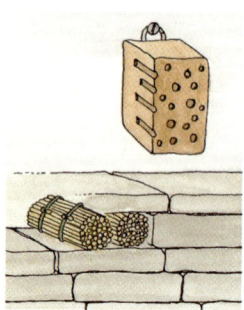

2 *Insekten-Nistkästen
locken viele Nützlinge
an.*

und Wespenarten von geringer Größe an. Sie sind sehr nützlich und für Menschen absolut ungefährlich.

Nisthilfe
für Erdhummeln
Zeichnung 1

Die bereits sehr selten gewordenen Erdhummeln nehmen gerne die in Zeichnung 1 gezeigte Nisthilfe an. Dazu ein passendes Loch in die Wiese graben, und den Boden mit einer etwa 10 cm hohen Moosschicht füllen. Stellen Sie darauf den umgedrehten Blumentopf. Der obere Teil des Topfes muß mit der Erdoberfläche parallel sein. Rechts und links

3   Diese Tränke am Teichrand nutzen Vögel auch zum Baden.

4   In der Lehmpfütze holen sich Schwalben Nistmaterial.

von der Blumentopföffnung wird jeweils ein Stein gelegt, worauf ein Brett plaziert wird. Die Hummeln können nun von vier Seiten ihre künftige Bruthöhle anfliegen.

Vogeltränke
Zeichnung 3

Ein Naturgarten mit einem reichen Kleintierleben ist ein Paradies für Vögel. Eine Vogeltränke am flachen Teichrand nutzen die Vögel mit Vorliebe. Reservieren Sie dafür einen Abschnitt der Sumpfzone mit 0 bis 5 cm Wasserstand. Legen Sie große Kieselsteine in die Vogeltränke. Von hier aus trinken

die Vögel dann. Wichtig ist, daß die Vögel während des Trinkens oder Badens eine 3 bis 4 m weite Übersicht über die Umgebung haben, damit sie sich vor Feinden (Katze, Hund) sicher fühlen.

Nisthilfe für Schwalben
Zeichnung 4

Schwalben brauchen Lehm zum Bau ihrer Nester. In besiedelten Gebieten haben sie es schwer, lehmige Pfützen zu finden. Legen Sie deshalb an Ihrem Teichrand eine Lehmpfütze für Schwalben an. Die Vorgehensweise ist die gleiche, wie ich sie für die Vogel-

tränke beschrieben habe. Bringen Sie jedoch statt Kieselsteinen eine etwa 10 cm hohe Lehmschicht ein. **Hinweis:** Wenn Sie Angst vor Verschmutzung durch das Brutgeschäft unter Ihrer Dachrinne haben, dann hilft die Montage eines Auffangbrettchens. Es wird etwa 50 cm unterhalb der Nester an der Hauswand befestigt.

Stein- und Altholzhaufen
Zeichnung 5

Verschiedene Säugetiere wie Fledermäuse, Spitzmäuse, Igel, Hermelin oder Mauswiesel, die Insekten, Schnecken und Ratten vertilgen, verlocken Sie durch diesen Stein-

und Altholzhaufen zum Bleiben. Er dient als Unterschlupf ebenso wie als Kinderstube oder Überwinterungsquartier.
Und so wird's gemacht:
• Zuerst einen Erdhügel (Durchmesser 50 cm) aufwerfen.
• Eine »Höhle« (30 x 30 x 40 cm) aus Natursteinplatten und Bruchsteinen bauen.
• Platten und Steine rechts und links sowie hinter der Höhle versetzt aufschichten.
• Den Steinhaufen mit dichten Zweigen (Obstbaumschnitt) abdecken. Darüber kommt eine Schicht feiner Zweige und Laub.
• Der Hügel hat dann etwa einen Durchmesser von 1,5 m und eine Höhe von 1 m.

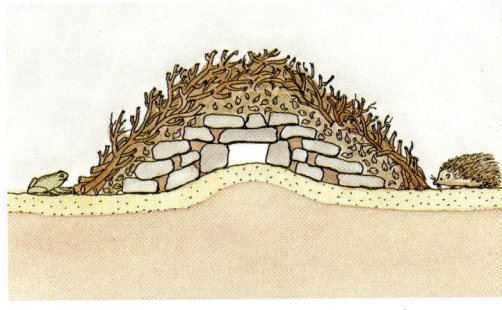

5   Der Stein- und Altholzhaufen dient vielen Tieren als Unterschlupf.

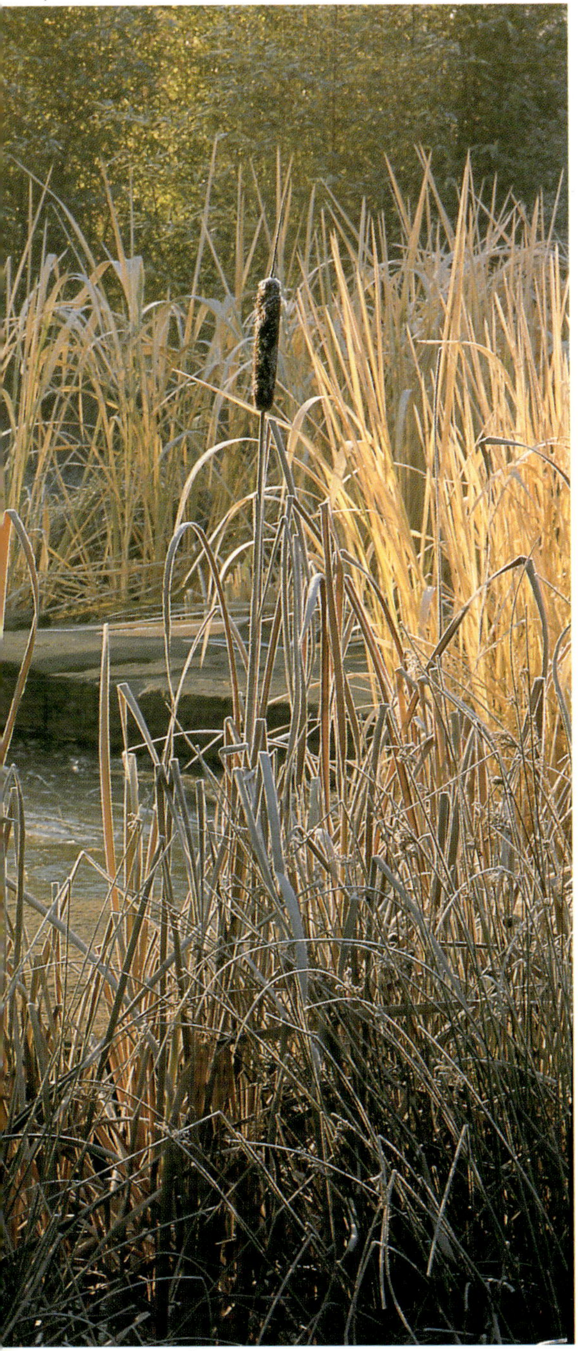

Behutsam eingreifen

Die Natur erleben

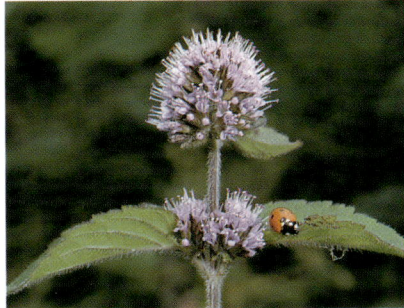

Wollen Sie der Natur auf die Spur kommen? Für Sie als Besitzer eines Naturteichs ist das kein Problem, denn gerade in Ihrem Garten haben Sie die Möglichkeit, Natur »live« zu erleben. Damit Sie möglichst lange Freude an Ihrem Feuchtbiotop haben, sollten Sie jedoch auch beim Naturteich gelegentlich pflegend eingreifen.

Foto oben: Ein Marienkäfer hat auf dem Blatt einer Wasserminze Platz genommen.
Foto links: Ein Naturteich im letzten Licht eines Winternachmittags – Die mit Rauhreif bedeckten Rohrkolben formen ein reizvolles Geflecht aus bizarren Linien.

Mit Mikroskop und Lupe

In Ihrem Naturteich leben Kleinlebewesen aller Art. Es gibt pflanzliches Plankton wie Kiesel-, Gold- oder Geißelalgen und tierisches Plankton wie etwa Pantoffeltierchen oder Amöben. Sie sind unter dem Mikroskop sehr gut zu beobachten. Wasserflöhe und Ruderfußkrebse kann man bereits mit einer guten Lupe betrachten. Größere Tiere, wie beispielsweise Libellenlarven oder den Gelbrandkäfer, können Sie auch direkt im Wasser beobachten.

Mikroskop: Greifen Sie für ein gutes Mikroskop ruhig etwas tiefer in die Tasche. Es sollte mindestens eine 200fache Gesamtvergrößerung haben. Dazu brauchen Sie Zubehör wie Pipette, Objektträger (dünne Glasplättchen), Pinzette, Petrischalen (flache Glasschälchen mit Deckel; Durchmesser: 6 bis 7 cm), Blockschalen (quadratische Glasschälchen, die am Boden eine Vertiefung haben) und natürlich eine genaue Bedienungsanleitung. Zubehör erhalten Sie im Laborbedarfshandel oder beim Optiker. Das Mikroskop ist vor allem für Beobachtungen von Kleinlebewesen und für Detailvergrößerungen geeignet.

Mein Tip: Wenn Sie Tiere lebend beobachten, sollten Sie sie auch wieder lebend in den Teich zurücksetzen. Unter dem Mikroskop gelingt das, wenn Sie sich Objektträger mit eingeschliffenen Vertiefungen (Laborbedarfshandel oder Optiker) besorgen. Darauf können Sie einen Tropfen Teichwasser träufeln und die Kleinlebewesen im Wassertropfen unbeschadet beobachten.

Binokular: Es ist ähnlich aufgebaut wie ein Mikroskop, aber Sie können mit beiden Augen zugleich hineinschauen. Ein Binokular vergrößert nicht so stark wie ein Mikroskop, was von Vorteil sein kann. So können Sie beispielsweise mehrere Rädertierchen auf einmal betrachten und sehen, wie sie sich fortbewegen. Eine etwa 120fache Vergrößerung ist schon sehr gut. Das Zubehör ist das gleiche wie beim Mikroskop.

Lupe: Mit einer Lupe können Sie Wasserflöhe, Mückenlarven oder Staubgefäße von Pflanzen erkunden. Eine Lupe sollte etwa 6- bis 10fach vergrößern.

Polfilter: Zur Beobachtung der Unterwasserwelt durch die Wasseroberfläche hindurch, eignet sich der Polfilter einer Kamera. Halten Sie den Filter direkt vor ein Auge und drehen Sie ihn so lange, bis die Spiegelung der Wasseroberfläche verschwindet.

Unterwassersichtgerät: Dieses Gerät ist eine Art verglastes Tauchrohr, mit dem Sie unter Wasser schauen können. Dazu müssen Sie sich allerdings auf den Bauch legen. Eine Beobachtungsplattform (→ PRAXIS Randgestaltung, Seite 20) kann dies erleichtern. Das Unterwassersichtgerät bekommen Sie in Geschäften für Tauchsportausrüstungen.

Mein Tip: Damit Sie Tiere und Pflanzen eindeutig bestimmen können, sollten Sie sich gute Bestimmungsbücher von Pflanzen und Tieren besorgen (→ Literatur, die weiterhilft, Seite 62).

Heimliches Leben im Wasser

Alle im freien Wasser lebenden Kleinlebewesen haben dasselbe Problem: Sie müssen sich in der Schwebe halten, sonst sinken sie langsam zu Boden und sterben. Wie erreichen sie das? Schließlich haben sie keine Flossen wie Fische, mit denen sie willkürlich auf und ab schwimmen können. Hierzu einige Beispiele.

Pflanzliches Plankton

Kiesel-, Gold-, Grün- und Geißelalgen gehören zum pflanzlichen Plankton. Unter dem Mikroskop werden Sie feststellen, daß Kieselalgen feinste Öltröpfchen enthalten und sich dadurch in der Schwebe halten können. Goldalgen haben feine Schwebefortsätze, manche Grünalgen bewegen sich mit

Heimliches Leben im Wasser

*Mit einem Sprung
taucht der Wasserfrosch
ins kühle Naß. Er steht
wie alle anderen euro-
päischen Amphibien-
Arten auch unter
Naturschutz.*

Die Natur erleben

Wimpern fort und Geißelalgen haben sogenannte Geißeln. Sie können sehen, wie das pflanzliche Plankton mit den »Schwebehilfen« rudert, flimmert und schlägt. Alles ist lebend zu beobachten.
<u>Wo zu finden?</u> Im Wasser schwebend, aber auch an den Blättern größerer Unterwasserpflanzen.
Hinweis: Geißelalgen sind übrigens Organismen, die zwischen Pflanzen und Tieren stehen, denn sie können sich sowohl wie Pflanzen als auch wie Tiere ernähren.

Tierisches Plankton

• Pantoffeltierchen: Sie sehen aus wie kleine, im Wassertropfen treibende Schuhsohlen, die sich ständig drehen, wenden und hin- und herschwimmen. Größe: etwa 0,2 mm. Die gesamte Oberfläche des Pantoffeltierchens ist voller Wimpern. In seinem Innern sind Strömungen zu erkennen, die winzige pflanzliche Nahrungspartikel bewegen.
• Rädertierchen: Sie besitzen einen ständig und rhythmisch arbeitenden »Schlund« mit Kauwerkzeugen und einen Kranz schlagender Wimpern um das Mundfeld herum. Größe: 0,3 mm.
• Amöben: Sie bewegen sich langsam fließend voran, wobei sich ihre Gestalt ständig verän-

dert. Es bilden sich fortwährend Körperfortsätze aus, die wieder einschmelzen und sich an anderen Stellen ausbilden. Größe: 0,2 mm.
• Wasserflöhe: Das sind Krebse, die von zwei zarten, durchsichtigen Schalen umgeben sind, aus denen nur die Ruderfüße und die Schwanzfortsätze hervorschauen. Schon unter dem Binokular oder der Lupe läßt sich das schlagende Herz, der Darm und der »Rucksack«, in dem die Eier transportiert werden, erkennen. Größe: 2 bis 4 mm.
• Ruderfußkrebse: Sie hüpfen ruckartig durchs Wasser, angetrieben durch rhythmische Schläge mit Beinen, die an der Brust angewachsen sind. Ihre Eier tragen sie in zwei »Beuteln« außerhalb des Körpers wie in zwei Einkaufstaschen mit sich. Größe: 2 bis 4 mm.
• Muschelkrebse: Wenn Sie gerade rätseln, welch winzige Muschel Sie da gefangen haben und diese »Muschel« dann mit einem kurzen Ruck aus Ihrem Blickfeld verschwindet, handelt es sich mit Sicherheit um einen Muschelkrebs. Er bewegt sich durch Schläge mit seinen Antennen vorwärts.
<u>Wo zu finden?</u> All diese Tierchen sehen Sie auf den Blättern von Unterwasserpflanzen, im Gespinst von Fadenalgen oder im freien Wasser.

Ortsfeste Tiere

Gut zu beobachten sind Tiere, die sich nicht im Wasser fortbewegen, sondern fest an Ästen, Steinen oder Wurzelstengeln im Wasser haften.
<u>Schwämme</u>: Sie bilden an Zweigen und Steinen bleiche, schaumige Polster. Diese Tiere filtern das Wasser nach Kleinstplankton wie beispielsweise Gold- und Blaualgen oder Amöben und Pantoffeltierchen durch.
<u>Süßwasserpolyp</u>: Der Süßwasserpolyp ist glasartig durchscheinend mit langen Tentakeln (Fangarmen) am Körper. Im hungrigen Zustand ist er schlank wie eine Gerte, doch kann er ganze Wasserflöhe verschlingen und sich entsprechend weiten.
<u>Wo zu finden?</u> Beide Tierarten an Ästen, Steinen und Pflanzenstengeln.

Würmer und Insektenlarven

Interessante Beobachtungsobjekte sind einige Wurmarten und Insektenlarven.
<u>Planarien</u>: Das sind sehr einfach gebaute Würmer, die je nach Art schwarz, braun oder weiß gefärbt sind. Sie bewegen sich wie die Pantoffeltierchen mit Wimpern fort. Planarien besitzen zwei bohnenförmige Augen und fallen durch langsam gleitende Fortbewegung

Spitzhornschnecke.

Wasserfloh.

Köcherfliegenlarve.

Süßwasserpolyp.

Teichmolch.

Wasserspinne.

Kleine und große Tiere

*Ob augenfällig oder erst bei näherem Hinsehen zu entdecken –
die Tierwelt an und im Teich erweist sich als überaus
reichhaltig und interessant. Von primitiven Lebewesen über
kleine Insekten, von Weichtieren bis hin zu Amphibien
sind Tiere aller Arten für ein natürliches Gleichgewicht
im Naturteich unverzichtbar.*

Erdkrötenmännchen in Lauerstellung.

Posthornschnecke.

auf. Größe: 2 bis 3 cm. Zum Beobachten sollten sie vorsichtig mit dem Teichwasser in ein sauberes Glas geschwemmt werden. Wenn Sie sie nicht gleich entdecken können, bauen Sie eine Falle. Nehmen Sie ein Mull-Läppchen und wickeln Sie darin ein Stückchen mageres Rindfleisch ein. Binden Sie das Säckchen an eine lange Schnur und hängen Sie es über Nacht in den Teich. Auf dem Fleisch werden Sie Planarien finden, die durch den Fleischduft angelockt wurden. Wo zu finden? An der Unterseite von Seerosen oder anderen Schwimmblattpflanzen, unter Steinen, auch unter der Wasseroberfläche haftend.

Bach-Röhrenwurm: Dieser kleine rote Wurm (auch unter dem Namen Tubifex bekannt) lebt in Kolonien im Schlamm des Teichs und ist ein Anzeiger für stark verschmutztes Wasser. Bach-Röhrenwürmer sollten beim Ausräumen des Teichs (→ Pflegemaßnahmen, Seite 58) mit dem Schlamm entfernt werden. Wo zu finden? Im Schlamm stark belasteter Teiche. Köcherfliegenlarven: Die Larven der Köcherfliege fertigen sich aus Pflanzenteilchen und Sandkörnchen einen Köcher, um sich darin zu schützen. Sie sehen für den Betrachter wie kleine Holzstückchen aus, die über den sandigen Teichboden wandern.

Wo zu finden? In der Uferzone des Teichs. Larven von Klein- und Großlibellen: Libellenlarven leben während ihrer Entwicklungszeit im Wasser. Die einzelnen Arten sind am Kopfteil der Larve, der Fangmaske, zu erkennen (→ Literatur, die weiterhilft, Seite 62). Zum Schlüpfen klettert die Larve an Pflanzenstengeln aus dem Wasser heraus und entwickelt sich dort zu einer prächtigen Libelle. Wo zu finden? Am Grund des Teichs. Larve des Gelbrandkäfers: Sie ist leicht an den starken Greifzangen zu erkennen. Größe: 4 cm. Wo zu finden? Überall im Teich, auch im freien Wasser.

Jungtier einer Ringelnatter in einer Seerosenblüte.

Wasserspinnen

Ein sehr interessantes »Beobachtungsobjekt« ist die Wasserspinne (*Argyroneta aquatica*). Auf den ersten Blick unterscheidet sie sich nicht von gewöhnlichen Spinnen, ist aber vollständig an ein Leben im Wasser angepaßt. Ihre Anwesenheit in Ihrem Naturteich erkennen Sie an den etwa fingerhut großen Luftglocken, die zwischen Pflanzen oder Steinlöchern unter Wasser silbern glänzen. Hier verzehrt die Spinne ihre Nahrung, die aus Insektenlarven, Wassermilben oder Kleinkrebsen besteht. Zum Luftholen kommt die Spinne mit Hilfe ihrer stark behaarten Beine, Hinterleib voran, an die Wasseroberfläche und taucht mit anhängender Luftblase wieder ab. Das Weibchen legt bei der Fortpflanzung zwischen 20 und 100 Eier in einer speziellen Aufzuchtglocke ab. Keine Angst vor Wasserspinnen! Die Männchen werden selten größer als 1,5 cm, die Weibchen bleiben kleiner.
Wo zu finden? Überall in Teichen mit guter Wasserqualität zwischen Pflanzen und Steinen.

Schnecken

Sie siedeln sich häufig in einem Naturteich an. Schlammschnecken (*Lymnacidae →*

Foto Seite 49) raspeln Algen von Steinen und Pflanzen, verzehren auch absterbende Wasserpflanzen und tote Tiere am Boden. Tellerschnecken (*Planorbidae;* → Posthornschnekke, Foto Seite 50, rechts) sind an ihrem scheibenförmigen Gehäuse zu erkennen. Sie bevorzugen die Nahrung, die in Form von Pflanzen und Tierresten am Boden des Teiches liegt. Beide Schneckenarten kommen zum Luftschöpfen an die Wasseroberfläche, können im Winter jedoch auch im Wasser über die Hautoberfläche atmen. Die Sumpfdeckelschnecken (*Viviparidae*) sind an einem kleinen »Deckel« zu erkennen, der die Gehäuseöffnung verschließt, wenn sie ihren Körper ins Innere zurückziehen. Sie atmen mit Hilfe von Kiemen und kommen deshalb nicht zum Luftschöpfen an die Wasseroberfläche. Sumpfdeckelschnecken ernähren sich von Schwebeteilchen am Teichboden.
Wo zu finden? Überall im Teich, an Pflanzen, auf Steinen und am Teichboden.

Reptilien als Gäste

• Blindschleiche (*Anguis fragilis*) Länge: Bis etwa 50 cm. Lebensraum: Sonnige, locker bewachsene, feuchte bis trockene Landstriche. Lebt gerne versteckt unter großen Pflan-

zenblättern, Wurzeln und Steinplatten. Kommt bevorzugt bei regennasser Umgebung ans Tageslicht. Sonst dämmerungsaktiv. <u>Nahrung</u>: Schnekken, bodenlebende Insekten und Würmer. <u>Fortpflanzung</u>: Männchen tragen zur Fortpflanzungszeit Paarungskämpfe aus; es werden 6 bis 12 lebende Jungtiere geboren. <u>Besonderheit</u>: Blindschleichen sind keine Schlangen, sondern Eidechsen mit zurückgebildeten Beinen. Sie können das am ehesten daran erkennen, daß die Echsen im Gegensatz zu Schlangen die Augen schließen können (daher der Name Blindschleiche). Wie bei Eidechsen werfen sie ihren Schwanz ab, wenn Sie daran festgehalten werden. Sie sind ungiftig und können über 50 Jahre alt werden.
• Ringelnatter (*Natrix natrix*) <u>Länge</u>: 80 bis 120 cm. <u>Lebensraum</u>: Jagt in Gewässernähe oder im Wasser nach Mäusen, Amphibien oder Fischen. Versteckt sich in größeren Höhlungen an Land unter Wurzeln, Stämmen oder Steinplatten. Tagaktiv. Überwintert im Boden vergraben. <u>Nahrung</u>: Amphibien, Fische, junge Mäuse. <u>Fortpflanzung</u>: Vergräbt die Eier in sonnenbeschienener Erde, am liebsten in warmen Komposthaufen. Die Jungen tauchen oft gegen Juni auf, haben bei Verlassen des Eis eine Länge von etwa 15 bis 18 cm

und sind bleistiftdünn. Die Ringelnatter ist eine harmlose Schlange. Sie beißt fast nie einen Menschen, auch nicht bei Störung, entleert jedoch einen stark riechenden, gräulich gefärbten pastosen Inhalt aus der Kloake (Afteröffnung) als Abwehrmittel. Auch kann sie sich totstellen, das heißt, sie verwindet, »verknotet« sich und legt sich zum Teil auf den Rücken.
• Kreuzotter (*Vipera berus*) <u>Länge</u>: Etwa 60 cm. <u>Lebensraum</u>: Bevorzugt die Nähe von Gewässern. In Höhenlagen und in der kühlen Jahreszeit vorwiegend tagaktiv. <u>Nahrung</u>: Amphibien. <u>Fortpflanzung</u>: Bringt lebende Junge zur Welt, die nach der Geburt ausschwärmen und sich ein neues Jagdgebiet suchen. <u>Besonderheit</u>: Diese einzige bei uns lebende Giftschlange ist in ihrem Bestand stark gefährdet und taucht nur selten in naturnahen Gärten mit feuchten Winkeln auf.
Warnung: Das Gift der Kreuzotter ist relativ schwach. Gesunde Erwachsene kommen in der Regel ohne Serumbehandlung aus, beziehungsweise haben 6 bis 10 Stunden Zeit, um sich behandeln zu lassen. Kleinkinder und Hunde sind stärker gefährdet. In jedem Fall sollten Sie so rasch wie möglich einen Arzt aufsuchen.

Beobachtungskalender

<u>Frühling</u>: Im Naturteich entwickeln sich kleine Algen, tierisches Plankton wächst nach und wird von den Fischen verzehrt. Fische und Amphibien beginnen mit dem Ablaichen. Höhere Pflanzen treiben aus. Die Krebsschere taucht langsam vom Grund des Teiches auf. <u>Sommer</u>: Die Pflanzen blühen, Insekten bevölkern den Naturteich. Amphibienlarven verändern ihre Gestalt zum Jungtier. Unter Wasser können Sie Libellenlarven, den Gelbrandkäfer, Rükkenschwimmer, junge Fische und Frösche sehen. Über Wasser fliegen die Libellen. <u>Herbst</u>: Unter 12°C Wassertemperatur versiegt der Appetit der Fische. Frösche, Kröten und Molche suchen sich ein Versteck. Der Wasserläufer überwintert unter Ästen am Ufer. <u>Winter</u>: Die Algen sterben ab oder bilden Dauerstadien, indem sie sich einkapseln. Die Wasserpest entwickelt als einzige Wasserpflanze auch im Winter noch Sauerstoff, als Gasbläschen erkennbar. Wasservögel kommen als Gäste, wenn der Teich noch keine Eisdecke hat.

Rotkehlchen, das am Teichrand ein Bad nimmt.

Zungenhahnenfuß.

Igelkolben.

Rückenschwimmer.

Königslibelle.

Blutweiderich.

Ein Schauspiel das ganze Jahr

Wer seinen Naturteich mit wachen Augen betrachtet, kann viel Neues entdecken und sich an den Wundern der Natur freuen. Bei den Teichpflanzen liegt der Reiz darin, daß sie sich von Monat zu Monat verändern und immer wieder ein neues Bild ergeben. Und beim Beobachten von Tieren, ob seßhaft oder nur kurzzeitig zu Gast, kommt nie Langeweile auf.

Das biologische Gleichgewicht

Dieser schon viel strapazierte Begriff bezeichnet hier das Gleichgewicht im dauerhaften Zusammenleben voneinander abhängiger Organismen im Teichwasser. Dabei muß ein ausgeglichenes Verhältnis zwischen Nährstofflieferanten (abgestorbene Pflanzen und Tiere) und den Nährstoffverbrauchern (lebende Pflanzen, pflanzen- und fleischfressende Tiere) im Teich herrschen. Lassen Sie uns einen kurzen Blick auf die Organismen werfen, die dafür sorgen, daß eingetragenes Fremdmaterial sowie absterbende Pflanzen und Tiere abgebaut werden.

Die Hauptarbeit verrichten Bakterien und Pilze. Sie leben überall im Erdboden, zum Teil inaktiv und abgekapselt, und vermehren sich, sobald die Lebensumstände für sie günstig sind. Die verschiedenen Arten zerlegen zum Beispiel tierische Ausscheidungen oder Kadaver, einen Pflanzenstiel, ein Blatt oder ein Stück Holz in seine Bestandteile.

Unter den Bakterien gibt es viele Spezialisten, die sich ausschließlich von bestimmten Substanzen ernähren und diese nur »halbverdaut« ausscheiden. Darauf warten schon die nächsten, nehmen die Bruchstücke auf und verdauen sie weiter – und so geht es fort,

bis es nichts mehr zu verdauen gibt. Die Endprodukte sind im wesentlichen Kohlendioxid und verschiedene andere anorganische Verbindungen, vor allem Stickstoff-, Schwefel- und Phosphorverbindungen. In dieser Form stehen sie dann wiederum den höheren Pflanzen als Nährstoffe zur Verfügung, der Kreislauf schließt sich.

Hinweis: Dieser Vorgang heißt Mineralisation. Er ist sozusagen eine natürliche Abfallbeseitigung und Recycling.

Lebensnotwendiger Sauerstoff

Viele dieser Zersetzungsvorgänge laufen nur unter Mitwirkung von Sauerstoff ab, und der ist nicht immer in ausreichendem Maß vorhanden. Warmes Wasser kann nicht so viel Sauerstoff aufnehmen wie kaltes. So herrscht bei hohen Temperaturen im Teich ein gewisser Sauerstoffmangel, der oberhalb 30°C kritisch zu werden beginnt. Darüber hinaus benötigen die Organismen umso mehr Sauerstoff, je mehr »Abfall« vorhanden ist. Diese Entsorgungsleistung nimmt mit steigender Temperatur ebenfalls zu, und dann kann es zur Katastrophe kommen, der Teich »kippt um«: Plötzlich ist der Sauerstoff aufgebraucht, die Mikroorganismen »erstik-

ken«, sterben oder kapseln sich wieder ab und müssen die Arbeit Bakterien aus der sauerstofffreien »Unterwelt« überlassen. Diese zersetzen zwar ebenfalls pflanzliche und tierische Bestandteile, doch sind die Endprodukte übelriechende Erzeugnisse wie Sumpfgas (Methan), Schwefelwasserstoff (gasförmig, nach faulen Eiern riechend) und schwarzer Faulschlamm, der beim Anstechen seine Gase in Blasen freigibt. Bleibt der Teich verhältnismäßig nährstoffarm und kann er sich nicht zu stark erwärmen, hält sich die Faulschlammbildung in Grenzen.

Ist das darüberstehende Wasser bei »normaler« Temperatur (16 bis 24°C) noch sauerstoffreich, ist das Leben im Teich nicht bedroht. Lassen Sie die Schicht ruhig bis zum Herbst im Teich und entfernen Sie den Faulschlamm dann gründlich (→ Pflegemaßnahmen, Seite 58).

Hinweis: Am Verhalten der Tiere ist leicht zu erkennen, wenn der Sauerstoff bedrohlich knapp wird. Sie kommen dann alle an die Oberfläche, einschließlich der Teichbodenbewohner, und nutzen das relativ gute Sauerstoffangebot, das zwischen Wasser und Luft zu finden ist (→ Wie Sie Störungen erkennen und beheben, Seite 57).

Ein befestigtes Ufer lädt nicht nur zum Verweilen ein, sondern auch zum Beobachten des vielfältigen Lebens.

Die richtige Wasserqualität

Naturteichbesitzer können sich mit der Wasserqualität zufrieden geben, die ihnen die Natur aus Wasserhahn und Regenwasser zusammenmischt. Pflanzen und Tiere werden sich darauf nämlich besser einstellen können, als wenn Sie mit Hilfsmitteln aller Art das Teichwasser auf bestimmte Werte zu trimmen versuchen. Die Natur hat auch Tiere und Pflanzen als lebende Anzeiger (Leitorganismen) für die Wasserqualität parat. Sie können nur in den hier aufgeführten Wasserqualitäten leben.
Sauberes Wasser, nährstoffarm: Tiere: Planarien, Larven der Eintagsfliege (*Beatis*-Arten). Pflanze: Wasserschlauch (*Utricularia vulgaris*).
Leicht belastetes Wasser, nährstoffreich: Tiere: Schlammegel, auch Rollegel genannt.
Stark belastetes Wasser, sehr nährstoffreich: Zuckmückenlarve, Bach-Röhrenwurm (→ Seite 50). Pflanze: Wasserlinse (*Lemna minor*).
Hinweis: Das ideale Wasser ist nährstoffarm. Bei zu nährstoffreichen Teichen müssen Sie Abhilfe schaffen. In der Tabelle »Wie Sie Störungen erkennen und beheben« auf Seite 57 finden Sie Rat und Hilfe.

Frühjahrstrübung

Trübt sich Ihr Teich im Frühjahr nach anfänglicher Klarheit ein, müssen Sie Geduld haben. Die Ursache ist wahrscheinlich ein Nährstoffüberschuß durch verrottende Pflanzenteile, Fischexkremente oder Gartendünger. Sobald Unterwasser- und Schwimmpflanzen zu wachsen beginnen und sich ausbreiten, werden Nährstoffe aufgenommen und das Wasser klärt sich.
Wichtig: Die Pflanzen im Gartenteich dürfen niemals gedüngt werden. Der Dünger belastet das Wasser mit überflüssigen Nährstoffen, die von den Pflanzen nicht benötigt werden.

Der Säuregrad des Wassers

Der Säuregehalt des Teichwassers (Leitungs- und Regenwasser) ist natürlichen Schwankungen unterworfen, beispielsweise durch Witterungseinflüsse, verrottende Pflanzen und Tiere oder die Tätigkeit von verschiedenen Mikroorganismen. Diese Schwankungen bedeuten in der Regel keinerlei Gefahr für das Teichleben, da die Organismen von Natur aus an diese Schwankungen angepaßt sind. Trotzdem ist es interessant zu wissen, wie der Säuregehalt Ihres Teichwassers beschaffen ist.

Der pH-Wert

Der Säuregrad des Wassers wird durch den pH-Wert ausgedrückt. Er gibt Auskunft darüber, ob eine Flüssigkeit eine Säure oder eine Lauge ist. Der neutrale Wert wird mit der Ziffer 7 angesetzt. Saures Wasser hat die Werte 0 bis 6,9 (Zitronensaft: 2,3 pH) und Werte von 7,1 bis 14 zeigen an, daß das Wasser alkalisch ist (Seifenlauge: 8,5 pH). Am pH-Wert läßt sich ablesen, ob ein Gewässer lebensfeindlich ist oder nicht. Natürliche Gewässer, in denen sich Leben entwickelt, liegen mit ihrem pH-Wert zwischen 5,0 (Moorsee) und 8,5. Im Gartenteich liegt der pH-Wert normalerweise zwischen 6 und 7,5. In einem Rhythmus von 24 Stunden können pH-Werte im Teich durch den Einfluß von Witterung oder Pflanzen um 1 bis 2 Punkte schwanken, was jedoch für Tiere und Pflanzen ungefährlich ist.
Hinweis: Etwas anderes sind extreme pH-Wert-Schwankungen, die durch menschliche Eingriffe verursacht werden. Das Einbringen von Torf in den Teich kann beispielsweise eine starke Ansäuerung des Wassers bewirken.
Mein Tip: Den pH-Wert können Sie mit Teststreifen oder verschiedenen Meßreagenzien leicht selbst messen.

Wie Sie Störungen erkennen und beheben

Anzeichen	Mögliche Ursachen	Abhilfen
Algenblüte: Trübes Wasser, das wie eine dicke Suppe wirkt; Wasser riecht muffig.	Nährstoffanreicherung durch Zersetzung von Pflanzen, Tieren, Futtermaterial und Kot. Zulauf von düngehaltigem Oberflächenwasser (aus dem Gartengelände oder von benachbarten Äckern); humusreicher Teichboden.	Die Algenblüte gehört auch zum normalen Jahreszyklus des Teichs. Dauert sie nicht länger als 2-3 Monate, müssen Sie nicht eingreifen. Sonst Teichboden im Herbst gründlich reinigen (→ Seite 58).
Bakterienblüte: Wasser ist milchigtrüb gefärbt.	Zuviel organisches, zersetztes Material (tote Tiere und Pflanzen) im Wasser. Diese Form eines Teichunglücks ist relativ selten. Man bezeichnet es als »Umkippen« des Teichs (→ Seite 54).	Treibgut mit dem Netz abfischen, Wasser auswechseln. So viel totes, organisches Material wie möglich vom Teichgrund absammeln.
Entengrütze: Starke Wucherungen der Wasserlinse (→ Seite 32).	Zu nährstoffhaltiges Wasser.	Regelmäßiges Abfischen mit dem Kescher; gründliche Herbstreinigung.
Verlanden: Vom Ufer her wachsen Schilf- und Rohrkolbenbestände, Binsen und Kalmus zur Wassermitte. Schwebstoffe sammeln sich und mindern die Wasserhöhe.	Teich zu klein und zu flach.	Einen Teil der Wurzelausläufer im Herbst mit dem Holzkrail herausreißen. Eventuell eine Pflanzwanne (→ Seite 34) anlegen.
Sauerstoffmangel: Fische und andere Teichbewohner kommen zur Wasseroberfläche, um Luft zu schnappen. Bei Eisdecke: Tiere treiben tot unter Eisdecke.	Zu warmes Wasser im Sommer bei gleichzeitig zu vielen Faulstoffen am Boden. Mangelhafte Reinigung im Herbst; Eisdecke zu dick, die zu wenig Freiwasser in der Tiefe läßt.	Für Schatten sorgen, Sträucher anpflanzen; gründliche Herbstreinigung; im Winter Wasserpest im Teich wachsen lassen (Sauerstoffspender); zu flache Teiche offenlassen.

Pflegemaßnahmen im Sommer

Im Sommer gibt es nicht sehr viel an Ihrem Naturteich zu tun.

Fadenalgen entfernen: Sie können sich in unerwünscht hohem Maß entwickeln, wenn ein reichliches Nährstoffangebot und starke Sonneneinstrahlung herrschen. Es sind planktonische Organismen von grünlicher Farbe (gut unter dem Mikroskop zu beobachten). Vermehren sie sich so stark, daß sie die Schwimmpflanzen (→ Pflanzen für die Freiwasserzone, Seite 32) zu ersticken drohen, müssen Sie sie mit Hilfe einer Harke aus dem Teich entfernen und auf den Kompost werfen. Achten Sie dabei jedoch auf Tiere, die Sie vorher sorgfältig herauslesen und in den Teich zurücksetzen sollten.

Wasser auffüllen: In unseren Breiten regnet es in der Regel genug, um verdunstetes Wasser stets wieder nachzufüllen. Lediglich nach langen Trockenperioden kann es nötig werden, daß Sie doch einmal zum Gartenschlauch greifen müssen. Lassen Sie in diesem Fall das Wasser nur ganz langsam zulaufen. Es ist wahrscheinlich kälter als das Teichwasser und damit schwerer. Es »kriecht« über den Teichboden und könnte die bodenlebenden Tiere »schocken«.

Pflegemaßnahmen im Herbst und Winter

Ende November ist »Großreinemachen« im Naturteich angesagt, und zwar wegen des Untergrundes. In der Natur ist das Teichwasser meist mit dem Grundwasser in Verbindung und sorgt so für eine laufende Durchmischung mit frischem Wasser. Dabei werden auch schädliche Substanzen abgeschwemmt.

Meiner Meinung nach ist es wichtig, die fehlende Grundwasserspülung im Naturteich durch eine Reinigung einmal im Jahr zu ersetzen.

Teichwasser ablassen: Mit Hilfe der Tauchpumpe lassen Sie so viel Wasser ab, daß der Teichboden noch etwa 5 cm mit Wasser bedeckt ist. Das Wasser kann entweder im Garten versickern (→ Wasserschäden, Seite 18) oder aber Sie leiten es mit einem Gartenschlauch in die Kanalisation.

Teich ausräumen: Sammeln Sie zunächst die Fische ein. Dabei darf die empfindliche Schleimhaut der Fische gerade zur Winterruhe nicht verletzt werden. Fassen Sie sie daher nur mit Gummihandschuhen an und benutzen Sie zum Einfangen kein Netz, sondern einen Meßbecher oder eine Plastiktüte mit Wasser. Lassen Sie nun den Rest des Wassers ab. Entfernen Sie Laub und Schlamm vom Teichboden. Untersuchen Sie

aber beides nach Tieren, die zu dieser Zeit bereits zur Winterruhe abgetaucht sind. Schneiden Sie nun zu stark wuchernde Rhizome (→ Seite 35) der See- und Teichrosen, Rohrkolben und anderer Pflanzen zurück. Sie können jetzt, falls im Vorjahr noch nicht getan, einige alte Wurzeln, Bruchsteine und Firstziegelbruchstücke auf den Teichboden legen. Sie bieten damit den Tieren zusätzliche Verstecke.

Teichwasser auffüllen: Jetzt wird der Teich wieder langsam mit Wasser aufgefüllt. Ist der Teichboden etwa 20 cm hoch mit Wasser bedeckt, können Sie vorsichtig die Tiere einsetzen und an verschiedenen Stellen verteilen.

Hinweis: Achten Sie beim Einsetzen der Tiere darauf, daß das frische Wasser im Teich in etwa die Temperatur des Wassers hat, in dem jetzt die Tiere sitzen (→ Seite 41). Gleichen Sie die Temperatur gegebenenfalls langsam an, indem Sie Teichwasser portionsweise in die Eimer füllen.

Eisdecke auf dem Teich: Nach dieser jährlichen Reinigung kann auch eine geschlossene Eisdecke auf Ihrem Naturteich für Tiere und Pflanzen nicht gefährlich werden. Sie sollten lediglich den Schnee von der Eisdecke entfernen, damit Unterwasserpflanzen wie zum Beispiel die Wasserpest (*Elodea canadensis*) mehr Licht erhalten und Sauerstoff produzieren können.

Die Weiße Seerose bildet einen regelrechten Teppich auf dem Wasser.

Sach- und Pflanzenregister

Die **halbfett** gesetzten Seitenzahlen verweisen auf Farbfotos und Zeichnungen. U = Umschlagseite

Paradiesisch leben.
Mit GU.

Bezugsquellen und Literatur

Literatur, die weiterhilft
(falls nicht im Buchhandel, dann in Bibliotheken erhältlich)

Bücher mit weiteren Informationen zum Thema Naturteich – Naturgarten:
H. Kremer, B.P.: *Wildpflanzen für den Garten*, Gräfe und Unzer Verlag, München
Foerster, K.: *Einzug der Gräser und Farne in die Gärten*. Eugen Ulmer Verlag, Stuttgart
Jansen, A: *Teichpflanzen einsetzen und pflegen*, Gräfe und Unzer Verlag, München.
Kabisch, K., Hemmerling, J.: *Tümpel, Teiche und Weiher, Oasen unserer Landschaft*, Landbuchverlag, Hannover.
Schwarz, U.: *Der Naturgarten*, W. Krüger-Verlag, Frankfurt.
Stadelmann, P.: *Der Große GU Ratgeber Gartenteich*, Gräfe und Unzer Verlag, München.

Bestimmungsbücher:
Lippert, W., Podlech, D.: *GU Naturführer Blumen*, Gräfe und Unzer Verlag, München.
Schauer, Th., Caspari, C.: *Der große BLV Pflanzenführer*, BLV Verlag, München.
Rote Liste der gefährdeten Tiere und Pflanzen in der Bundesrepublik Deutschland – Reihe »Naturschutz aktuell« 1, Kilda-Verlag, Greven.

Impressum

Tiere:
Arnold; E. N., Burton,
J. A.: *Pareys Reptilien-
und Amphibienführer
Europas*, Verlag Paul
Parey, Hamburg, 1979.
Engelhardt, W.: *Was lebt
in Tümpel, Bach und
Weiher?* Francksche
Verlagshandlung W.
Keller & Co, Stuttgart.
Grossenbacher, K., Brand,
M.: *Schlüssel zur Be-
stimmung der Amphi-
bien und Reptilien in
der Schweiz*, Naturhi-
storisches Museum,
Bern.
Lemmel, *G.: Die Lurche
und Kriechtiere Nieder-
sachsens – Grundlagen
für ein Schutzpro-
gramm*, Naturschutz +
Landschaftspflege in
Niedersachsen, 5;
Hannover

Bücher, die »Spezialisten«
interessieren:
Amlacher, *E.: Taschen-
buch der Fischkrank-
heiten*, G. Fischer
Verlag, Stuttgart.
Schlegel, H.G.: *Allge-
meine Mikrobiologie*,
G. Thieme Verlag,
Stuttgart.
Wilke, H.: *Schildkröten*,
Gräfe und Unzer
Verlag, München.
Naturschutz-
organisationen:
Folgende Organisationen
geben Gelegenheit zur
Mithilfe bei Amphibien-,
Reptilien- und Vogel-
schutzprogrammen:
World Wildlife Fund
Deutschland (WWF),
Rebstöckerstraße 55,
60326 Frankfurt
(Die Organisation
besteht auch in der
Schweiz und Öster-
reich)
BUND Bundesgeschäfts-
stelle, Im Rheingarten 7,
53225 Bonn
DBV Naturschutzbund
Deutschland e.V.
Bundesgeschäftsstelle,
Herbert-Rabius-Str. 25,
53225 Bonn

Beratung durch den Autor:
Bei Problemen mit dem
Teich, in Fragen der Amphi-
bien- und Reptilienzucht,
bei Fischkrankheiten:
Dr. Hartmut Wilke
Vivarium, Darmstadts
Tiergarten,
Schnampelweg 4,
64287 Darmstadt
Tel. (06151) 13 33 91
jeden Donnerstag von
15.00 bis 16.00 Uhr,
Einzelfragen kostenlos.

Fotografen-Nachweis
Arndt: Seite 3 li., 53 u.re.;
Becker: Seite 2, 15, 23, 25,
44/45, 64/U3, U4 u.; Busek:
Seite 4/5; Labhardt: Seite 3
re., 5 re., 9, 29 re., 49 o.li.,
o.re., mi.mi., u.re., 53
mi.mi., U4 o.re.; Layer:
Seite 53 o.li.; Lenz: Seite
U1 (kleines Foto), 39 mi.;
Limbrunner: Seite 50 u.r..;
Pforr: Seite 39 u., 51; Pho-
topress/Kuh: Seite 59;
Reinhard: Seite 7, 33 mi.li.,
53 o.re., u.li.; Rohdich:Sei-
te 47; Sauer: Seite 40, 49
mi.li.; Scherz: Seite 33
o.re.; Schlaback-Becker:
Seite U1 (großes Foto);
Schneiders, U.: Seite 55;
Silvestris/Müller: Seite 49

u.li.; Skibbe: Seite 33 u.re.,
45 re.; Strauß: Seite 19, 28/
29, 33 o.li., u.li., U4 o.li.;
Wendler: Seite U2/1, 39 o.;
Wisniewski: Seite 50 li.;
Wothe: Seite 11, 53 mi.li.;
Zeininger: Seite 33 mi.mi.,
37.

**Die Fotos auf den
Umschlagseiten**
Umschlagvorderseite: Na-
turteich im Garten. Kleines
Bild: Wechselkröte. Um-
schlagseite 2: Laubfrosch.
Umschlagrückseite, oben
links: Üppige Randbe-
pflanzung mit Gilbweide-
rich *(Lysimachia punctata)*
und Afghan-Alant *(Inula
magnifica)*. Oben rechts:
Heidelibellen im Morgen-
tau. Unten: Bachlauf mit
Natursteinen.

© 1995 Gräfe und Unzer
Verlag GmbH, München.
Alle Rechte vorbehalten.
Nachdruck, auch auszugs-
weise, sowie Verbreitung
durch Film, Funk und Fern-
sehen, durch fotomechani-
sche Wiedergabe, Ton-
träger und Datenverarbei-
tungssysteme jeder Art nur
mit schriftlicher Genehmigung des Verlages.

Redaktion: P. Völk,
K. Greiner, A. Weber
Layout und
Umschlaggestaltung:
Heinz Kraxenberger
Herstellung und Satz:
Michael Bauer
Repro: Penta
Druck und Bindung:
Kaufmann

ISBN 3-7742-2563-X

Auflage 5. 4.
Jahr   01 00 99

Warnung und Hinweis
In diesem Buch ist eine Tauchpumpe zum Leerpumpen des Teichs beschrieben. Die
Pumpe wird mit Strom betrieben. Wenn Sie solch eine Pumpe einsetzen, denken Sie
daran, daß elektrische Installationsarbeiten jeder Art nur vom Fachmann ausgeführt
werden dürfen. Zu diesen Arbeiten gehören sowohl das Anbringen von Stroman-
schlüssen als auch das Verlegen von Stromleitungen (→ Warnung vor Stromunfällen,
Seite 13). Um sich und andere vor Schaden zu bewahren, sollten Sie Ihren Teich
ausreichend sichern (mit Schutzzaun, → Seite 18), wenn kleine Kinder in Ihrem
Haushalt leben oder wenn der Teich in einem nicht eingezäunten Gartengelände liegt.
Der Abschluß einer Haftpflichtversicherung, die sich auf den Teich bezieht, ist sehr zu
empfehlen. Jeder Teichbesitzer muß dafür sorgen, daß kein Wasser – weder unter-
noch oberirdisch – aufs Nachbargrundstück gelangen kann. Kontrollieren Sie deshalb
regelmäßig die Wasserleitung und führen Sie Wasserwechsel oder Teichentleerung
sachgemäß durch.

Entspannung am Naturteich

Gleichgültig ob im Frühjahr, Sommer, Herbst oder Winter – ein Naturteich wirkt zu jeder Jahreszeit wie Balsam auf die Seele des Menschen. Bei diesem hier könnte man völlig vergessen, daß er von Menschenhand künstlich geschaffen wurde, so üppig und natürlich wuchern die Pflanzen. Hechtkraut *(Pontederia condata)*, Blutweiderich *(Lythrum salicaria)*, Rohrkolben *(Typha-Arten)* und Schwanenblume *(Butomus umbellatus)*, deren zarte Blüten über das Wasser zu schweben scheinen, rahmen den Teich ein. Die duftigen Gräser im Hintergrund bilden einen hübschen Kontrast dazu.

Farblich bestimmt wird das abwechslungsreiche Arrangement der Pflanzen in diesem Naturteich durch den klaren Farbakkord aus dem Blau des Hechtkrauts, dem Rot des Blutweiderichs und dem Weiß der Schwanenblume.